edition
das haiku

Hundert Jahre Haiku

Die ersten deutschsprachigen Haiku
gedichtet von Franz Blei und Yvan Goll

Erweiterte Neuausgabe

Herausgegeben von Moritz Wulf Lange

2025

edition das haiku

Bibliografische Information der Deutschen Nationalbibliothek: Die Deutsche Nationalbibliothek verzeichnet diese Publikation in der Deutschen Nationalbibliografie; detaillierte bibliografische Daten sind im Internet über dnb.dnd.de abrufbar.

1. Auflage der erweiterten Neuausgabe
edition das haiku bei BoD
© für diese Ausgabe Moritz Wulf Lange
Hamburg 2025. Alle Rechte vorbehalten. www.edition-das-haiku.de
Verlag: BoD · Books on Demand GmbH, In de Tarpen 42,
22848 Norderstedt, bod@bod.de
Druck: Libri Plureos GmbH, Friedensallee 273, 22763 Hamburg

ISBN: 978-3-7693-7715-6

Inhaltsverzeichnis

Vorwort

Die Geschichte des deutschsprachigen Haiku ist spannend, vielfältig und verschlungen. Zunächst gelangte das japanische Haiku während des Kaiserreichs im Rahmen verschiedener Anthologien nach Deutschland. Aber erst zwischen den Weltkriegen wurden Versuche gemacht, Haiku ganz vereinzelt auch auf Deutsch zu schreiben. Der Angestellte Hans Kanzius und der österreichische Dichter Robert J. Koc hatten sich in Japan aufgehalten (Kanzius von 1912–1920 bzw. Koc 1939) und das Haiku dort kennengelernt, auch einige geschrieben, jedoch zunächst ohne sie zu veröffentlichen. In der Bündischen Jugend und bei den Pfadfindern wurden seit den 1920er Jahren gelegentlich Haiku gedichtet, z.T. gefördert durch Japankenner unter ihnen wie Eberhard Koebel, Erwin Toku Bälz und Werner Helwig. Schriftsteller wie Rainer Maria Rilke, Franz Blei und Yvan Goll begegneten ab 1920 dem Haiku auf unterschiedliche Weise, beispielsweise in Gesprächen oder in der Literatur, und beschäftigten sich teils beiläufig, teils systematischer mit der neuen Gedichtform.

Von diesen allen waren die Dichter Franz Blei und Yvan Goll die Einzigen, die in den 1920er Jahren nicht nur Haiku schrieben, sondern sie nachweislich auch publizierten. Blei tat dies 1925 im Rahmen einer Glosse, Goll 1926 und 1927 verteilt über zwei Zyklen – weitere zwei Zyklen erschienen posthum. Die Gedichte von Blei und Goll sind nach jetzigem Kenntnisstand die ersten originalen, auf Deutsch geschriebenen Haiku, die zu ihrer Zeit auch im Druck erschienen sind. Bisher waren sie der Allgemeinheit nur in einzelnen Beispielen, etwa durch Zitate in der Fachliteratur oder in Anthologien, zugänglich – sofern man nicht den Weg in die Archive oder, im Fall von Goll, über die Gesamtausgabe seiner Gedichte gehen wollte.

In dem vorliegenden Buch werden nun zum ersten Mal alle Haiku von Franz Blei und Yvan Goll versammelt. Ergänzt werden sie durch die Begleittexte, die Blei und Goll zu ihren Haiku verfasst haben. Kurze Biografien der Dichter runden das Buch ab. Auf diese Weise sollen alle am Haiku Interessierten die Möglichkeit bekommen, sich selber einen Eindruck von den Anfängen der deutschsprachigen Haiku-Dichtung zu verschaffen.

Hamburg, Herbst 2021

Moritz W. Lange

Vorwort zur erweiterten Neuausgabe

Vor genau 100 Jahren begann mit der Veröffentlichung der Haiku von Franz Blei die sichtbare Geschichte der deutschsprachigen Haiku-Dichtung. Aus diesem Anlass werden die ersten Haiku in einer erweiterten und durchgesehenen Ausgabe noch einmal herausgegeben. Sie werden ergänzt um verkleinerte Faksimile-Abdrucke sowie um einen Aufsatz zu den Anfängen der deutschsprachigen Haikudichtung, der 2024 in der *Zeitschrift für Germanistik* erschienen ist.

Hamburg, 18. März 2025

Moritz W. Lange

Die Haiku von Franz Blei und Yvan Goll

1. Die Haiku von Franz Blei

„Bummbrummbummbumm" brüllt der Expreßzug.

„Gott, haben Sie mich erschreckt!"

Stöhnt im Schlummern der kleine Bahnhof.

Der Regen lacht auf mein Dach.
Der Regen weint an mein Fenster –
Gott! Was soll man glauben?

Sterne am Morgen, wie seid ihr bleich!
Es bekommt euch schlecht, o Sterne,
Die Nacht so durchzuschwärmen!

April, verwöhntes Kind, du weinst,
Weil dir ein Sonnenstrahl
Ins Auge kam, - verwöhntes Kind!

Sag nicht nein! Nicht nein!
Ich weiß ja, was du willst.
Warum denn lügen?

Es löst an ihrem Seidenstrumpf
Sich langsam eine Masche –
Und menschlich lächelt nun die Wade.

Aus der Faust entschlüpfend,
Die sie fing, die Fliege aufstöhnt:
„Sss, war das ein wüster Traum!"

Wie weit ist doch mein Weg!
Es sind des Nachts die Straßen
Viel länger als des Tags.

Wär nur der Tag um eine Stunde länger!
In dieser fünfundzwanzigsten
Vollendete ich alles.

Maria säugt das Christuskind
Und hinter ihr an einer Schnur,
Blähn sich im Wind die Windeln.

2. Die Haiku von Yvan Goll

Zyklus I:
Zwölf Hai-Kai's der Liebe

Wir arbeiten zu Hunderten zusammen,
Wir lieben zu zweit,
Wir sterben jeder allein.

Die Akazie hat Millionen Blüten,
Um zu schreien und zu lieben:
Ich nur ein Herz!

Treffpunkt Orion:
Du von Paris, ich von Berlin,
Jeden Abend steigen wir hinauf.

Der Vogel muß singen,
Das Meer muß rauschen,
Ich muß weinen!

Aus dem zerbrochnen Krug
Des Halbmonds ergießt sich
Über den Himmel die Milchstraße.

Totenkopf des Monds:
Giftzeichen für Liebende
Die Nachtwind trinken!

Eine Amsel singt
In der Schwarzpappel:
Ein Herz schlägt in meinem Geripp.

Hast du so sehr geweint?
Nach zwanzig Jahren Abschied
Regnete es noch.

Es gab hundert
Es gab tausend Straßen:
Und keine mehr zu dir!

Der Mond, mein weggeflogner Luftballon
Schwebt über den Baumwipfeln:
Ich strecke die Arme nach meiner Liebe.

Den Sonnen-Dotter lange rühren,
Die Wiesen-Nebel zu Schaum schlagen:
Abend-Cocktail!

Fünf Kontinente zittern,
Wenn der Korn-Preis steigt:
Und nicht, wenn du weinst!

Zyklus II:

Moderne Hai-Kais

Mahle das Meer,
Umarme den Wind,
Liebe eine Frau.

Es wurde geschrien, geschlagen, gebetet, gestorben:
Aber schmerzlicher als alles
War dein Lächeln.

Ich hatte einen neuen Raglanmantel
Und meine blaueste Krawatte,
Und trotzdem ist sie nicht gekommen!

Rot, rot ist das seidene Mieder des Mohns,
Aber schwarz und verkohlt
Darunter das Herz.

Ein Jasminzweig berauscht mich mehr
Als das rauschende Jasminfeld:
Für dich gab ich Millionen Frauen hin.

Die schwarzen Ochsen vor dem Abendhimmel
Wie schwanken sie
Schwer von Vergißmeinnicht.

Die Weiden kämmen ihr Haar
Im Spiegel des Sees:
Die Sorgen fallen Blatt um Blatt herunter.

Vom ganzen Sommer blieb mir nichts
Als deines Kopfes Chrysantheme
Mit Henné gefärbt.

Über den Wolken leuchten die Sterne,
Unter den Häusern glühen die Erze,
Hinter der Bluse brennt dir kein Herz.

Selbst der Tod
Schlief ein
An deiner warmen Brust.

Zyklus III:
Neue Hai-Kais

Ein dunkler Baumstamm bin ich.
Aber in meinem Grüngezweig
Zwitscherst du.

Den Blutfleck des Mondes
Den tilgst du nie
Aus dem Bettuch des Himmels

Von den heiligen Sternen
Fiel mir Goldstaub in die Augen
Und machte mich blind.

Ihr armen Schläfer in der Nacht
Die ihr nicht ruhen könnt,
Euch fehlt doch nichts! Nichts als ein blauer Traum.

Die Witwe am Fenster rechnet
Wieviel Petroleum der Mond wohl kostet,
Der unnütz brennt die ganze Nacht!

In den Mandolinen
Schreien die gefangenen Nachtigallen
Nach Freiheit.

Wie ein Zitroneneis
Zerging die letzte Wolke
Auf den Lippen des Abends

An der Erdkante

Zerbrach das Ei der Sonne:

Wir schlürfen den Dotter zum Stillen der Sehnsucht.

Meine Träume liegen
Wie kleine rosa Kadaver
In deinem Herzen vergraben.

Tagtäglich sitz ich
An deiner Wimpern blauem Ufer
Und angle die Melancholie.

Dein Herz, arbeitend Tag und Nacht,
Erzeugt den Weltstrom:
Millionen Volt der Liebe.

An meiner Schulter Hügel
Rauschst du, der frohe Bach:
Ich bin Erde, meine Seele du.

Zyklus IV
(ohne Titel)

Längst vor dem Glöcklein der Klöster
Längst vor dem Gebet der Amsel
Schrie mein Herz schon um Hilfe.

Der Mond leuchtet und wärmt doch nicht,
Die Wolken fliegen und sind doch nicht frei,
Die Menschen leben, und sie lieben nicht.

Frühling in den Städten:
Statt in Feldgebüsch und Felsgespalt
Erblühten Veilchen in einem schmutzigen Ohr.

Mondasche und Sternensand im Mund
Wachen die Schläfer auf:
Aurorenrosa ist die beste Zahnpasta

In Stein und Schlaf liegen die Menschen
Gegen kosmischen Schmerz und Amsellieder
Chloroformiert

Der Vogel im Ahorn singt es
Der Stein in der Mauer schweigt es:
Ich kann nicht singen, nicht schweigen, ich muss es
                                qualvoll wissen!

Mein Vater der Regen
Meine Mutter die Erde
Und ich eine goldene goldene Dotterblume.

Pfefferminz am blauen Bach
Woraus der Mond in kleinen Mohnschalen
Tee gegen den Tod braut.

Die Schwalben wurden dieses Jahr
Aus Kairo importiert:
Am Güterbahnhof stehen noch die Wagen.

Kein knäblicher Bach
Kein tragischer Ozean
Wird den Gram von meiner Stirne waschen.

Der böseste Wind
Würde sich zu deinen Füssen werfen
Wenn du riefest.

Die Akaziensehnsucht greift umsonst die Wolken
Und die Welle wogt sich niemals weiter –
Wozu sehn' ich mich zuschanden?

Was machen wir nur, mein Kind?
Die letzte Trambahn nach Cythera
Ist abgefahren!

Du bücktest dich vielhundertmal
Nach Walderdbeerherzen:
Doch meines hast du nicht gepflückt!

Herbstraben kreisen über dem Haus.
Fäult irgendwo ein Aas?
Mein längst gestorbenes, nie entdecktes Herz.

Als ein antiker Fischer stand ich jahrelang
Am grünen Wasser deiner Augen:
Und fing nicht einen goldnen Salm!

Die Hotels sind geschlossen,
Alle Dichter schlafen,
Und du liebst mich nicht!

Die Abendblätter melden
In grossen Lettern
Den Tod einer Tulpe

Käme doch endlich die Nacht
Und wischte mich von dieser Erde fort
Wie den Schatten der Bäume.

3. »Das Hai-Kai« (Franz Blei)

Dieser Text wurde erstmals veröffentlicht in: Roland
Nr. 12, 25. März 1925 (23. Jahrgang), S. 40.

Ich möchte eine neue Seuche ins Land bringen. Ich weiß, das Land braucht Seuchen, kann ohne sie nicht leben, so paradox das klingt. Seuchen kommen aus dem Osten. Auch meine kommt daher. Direkt aber, nicht auf dem Umweg über Amerika, wo man, wie es scheint, nur die dümmsten importiert und weiterziehen lässt. Wie das Kreuzworträtsel. Selbst die passioniertesten Rätsellöser geben die Stupidität dieser Rätselei zu. Erklären, der Spaß vermindere sich in dem Maße, als er schwierig und nur mit Hilfe eines Lexikons herstellbar ist. Man sagt, der Tod des Kreuzworträtsels werfe schon seine Schatten voraus, und in einigen Monaten sei es überstanden. Was dann? Denn Seuche muss sein, muss!! Schrecklich der Gedanke, dass die nachfolgende noch stupider sein könnte als die eben überstandene. Dem will ich zuvorkommen mit dem Hai-Kai. So heißt das kleinste japanische Gedicht, das dreizeilige. Jedes japanische Mädchen kann solche Hai-Kai herstellen. Warum sollen das unsere Mädchen nicht treffen. Sind doch so kess. Man macht Hai-Kai in Gesellschaft, wie ein Pfänderspiel. Man kann, wenn es schon sein muss, zwischendurch immer ein bisschen tanzen. Hier sind einige Muster. Keine original-japanische, sondern, um es deutlicher zu machen, aus dem europäischen Kulturkreis erfunden. Man sieht gleich, worauf es ankommt. Auf ein Bildchen im kleinsten Raum mit einem pointierenden Akzent in der dritten oder auch schon zweiten

Zeile. Das ist alles. Aber sehr amüsant. Und schrecklich anste-
ckend. Eine richtige Seuche. Also: es lebe die neue Seuche des
Hai-Kai!

*[Es folgen die Haiku von Franz Blei; die Glosse schließt nach dem letzten
Haiku mit den Initialen – F. B. – des Verfassers.]*

4. »Hai-Kai« (Yvan Goll)

Dieser Aufsatz, den Goll seinem Zyklus »Zwölf Hai-Kai's der Liebe« voranstellt, wurde erstmals veröffentlicht in: Die literarische Welt 2, 1926, Nr. 46, S. 3.

Niemand leugnet mehr, dass von allen Kunstformen die verlassenste und die verkannteste heute die Lyrik ist. Vielleicht nicht einmal ganz zu Unrecht? Vielleicht, weil sie in keiner Weise zu unserer Zeit eine Beziehung hat? Weil sie dem heutigen Menschen keine Nahrung bringt?

Lyrik, wie man sie früher verstand, war die Frucht der Meditation und auch die Anregerin dazu. Wer aber kann und will heute meditieren? Nichts kommt ungelegener als solch ein Wort. Der Erzieher des modernen Menschen ist die Reklame: und diese nimmt ihm alle Mühe des Denkens ab, sie bedrängt ihn und bemächtigt sich seiner ganz. Und die Reklame ist schlau: sie mischt Elemente der Kunst und der Belehrung in ihren elektrischen Dialekt. Sie mundet frisch und angenehm. Hintennach klingt und zittert noch etwas.

Nun hilft es nichts, über den sogenannten Niedergang dieser Zeit zu lamentieren. Wir wollen leben, wir müssen leben! Und nein: das geschriebene Wort ist noch nicht endgültig tot, noch nicht ganz von Film und Radio beiseite geschoben. Noch ist Hoffnung da für die Dichter!

Aber die Dichter müssen die Instrumente der Zeit zu Hilfe nehmen und nicht trotzen! Wie seit der Entdeckung der Elektrizität und des Telephons sämtliche Produktionsbetriebe umgeformt und umgebaut wurden, so soll es auch die Dichtung. Es ist geradezu ein Nonsens, von einem Menschen mit heutigen Nerven zu verlangen, dass er von regelrecht skandierten und gereimten Versen, die breit und behäbig und schwer hinfließen, irgendeine tiefere Wirkung, ein inneres Beben, ein Staunen verspüre! Sein Ohr hat ein anderes Tempo. Sein Auge eilt unmutig über die Zeilen hin. Und der Singsang des schönen Verses erweckt Langeweile.

Langeweile: die schwerste Sünde, die ein Künstler begehen kann! Ja, an der Misere der Lyrik sind in erster Linie die Dichter selbst schuld.

Die Menschen können nicht mehr so essen und denken wie früher. Man bereitet ihnen destillierte Speisen vor. Und der Künstler seinerseits setze ihnen komprimierte Kunstpillen vor.

Es handelt sich hier nicht darum, die internen Putsche des Expressionismus aufzutischen, noch über die bereits ganz entblößte »Sturm«-Lyrik hinaus etwas Radikales zu predigen! Aber es muss mit fast wissenschaftlicher Ruhe eine Form gefunden werden, die der inneren Denkweise des modernen Menschen entspricht. Ihr Hauptfaktor ist: größere Rapidität. Es muss jedem Gelegenheit gegeben werden, ein Gedicht zu goutieren, in welcher Lage er sich auch befindet: in der Stadtbahn oder im Lift. Dem Wiener Café entspricht die alte Lyrik: behäbiges Plätschern in sentimentalen Wassern. Der neuen Bar an Straßenecken, wo man stehend den Kognak hinunterschluckt: der brennt und lange nachhält und den Organismus peitscht, sollte das Neue ebenbürtig sein.

Weg mit allem Pathos, aller Rhetorik, allem Singsang und Liralei: dafür ein direkter Uppercut auf die linke Schläfe des Lesers oder ein blitzschneller Schlag in die Herzgegend. Rapides Bild. Überzeugender Ausdruck. Und langes Nachklingen der berührten Seele.

Nein, nichts Neues! Keine Angst! Vielmehr etwas Uraltes offeriere ich: das Hai-Kai, die klassische Gedichtform der Japaner, die jahrhundertelang die einzige Art ihrer Lyrik geblieben ist. Ein Dreizeiler, das lyrische Epigramm, dessen Zweck ist, in möglichst wenig Worten ein möglichst intensives Bild und weites Gefühl hervorzurufen.

Mehr als je bedarf unser nervöses Temperament einer knappen Form: sonst langweilen wir uns. Wir wissen, wir ahnen alle zu viel und zu schnell voraus. Und wehe dem Dichter, dem der Leser zuvorkommt. Das wichtigste Element in der Kunst ist die Überraschung.

Ich habe versucht, meine Gefühle in Hai-Kai-Form zu bringen:

[Es folgt der Zyklus »Zwölf Hai-Kai's der Liebe«.]

5. Editorische Anmerkungen

Die Schreibweise der Haiku folgt derjenigen in der Zeitschrift *Roland* und, bezüglich Golls erstem Zyklus, derjenigen in der Zeitschrift *Die literarische Welt*; bezüglich Zyklus II–IV folgt sie derjenigen in der Gesamtausgabe (*Die Lyrik in vier Bänden, Bd. 1*). Im Folgenden werden Hinweise zu orthographisch missverständlichen Textstellen gegeben.

Als ein antiker Fischer: In Vers 3 wird das Adjektiv ohne Apostroph geschrieben.

April: In Vers 3 stehen ein Komma *und* ein Gedankenstrich.

Aus dem zerbrochnen Krug: Im Original steht eine Elision des *e* in *zerbrochnen* – ohne Apostroph.

Bummbrummbummbumm: Die zweite Silbe wird mit einem zusätzlichen „r" geschrieben.

Den Blutfleck: Vers 3 schließt ohne Punkt ab.

Den Sonnen-Dotter: Im Original endet der erste Vers mit einem Komma.

Der Mond: In Vers 1 wird *weggeflogner* ohne Apostroph geschrieben; die Elision ist zur Erreichung eines jambischen Versmaßes notwendig. Auch am Versende wird kein Komma gesetzt.

Der Vogel muss singen: Vers 1 und 2 schließen im Original je mit einem Komma ab, nicht mit einem Punkt.

Die Abendblätter: Vers 3 schließt ohne Punkt ab.

Frühling: In Vers 2 ist *Felsgespalt* korrekt. Dies dient dazu, ein jambisches Versmaß zu erreichen.

Fünf Kontinente: Im Original steht *Korn-Preis*, nicht, wie in der Gesamtausgabe, *Kornpreis*.

Herbstraben: In Vers 3 wird das Verb mit Umlaut geschrieben.

In Stein: Vers 3 schließt ohne Punkt ab.

Mahle das Meer: In Vers 1 wird das Verb mit *h* geschrieben.

Maria: In Vers 1 steht im Original tatsächlich *Christuskind*, nicht *Christkind*; dadurch wird ein jambisches Versmaß erreicht. Nach *Schnur* wird ein Komma gesetzt.

Mein Vater: In Vers 3 wird *goldene* wiederholt.

Mondasche: Vers 3 schließt ohne Punkt ab.

Treffpunkt Orion: Der zweite Vers schließt im Original mit einem Komma ab, nicht mit einem Punkt wie in der Buchausgabe.

Wie ein Zitroneneis: Vers 3 schließt ohne Punkt ab.

Wir arbeiten: Im Original stehen nach Vers 1 und 2 Kommata, keine Punkte wie in der Gesamtausgabe.

Zyklus IV: In der originalen Handschrift trägt der Zyklus keinen Titel und schließt an Zyklus III an. Zyklus III ist jedoch mit einer Signatur Golls sichtbar vom letzten Zyklus getrennt. In der Gesamtausgabe von Golls Lyrik bekam Zyklus IV von der Herausgeberin den Titel *Hai-Kais*, um ihn sichtbar vom vorhergehenden Zyklus abzugrenzen.

Aufsatz Das Hai-Kai (Franz Blei): S. 87 „...muss sein, muss!!"
[Zwei Ausrufezeichen.]

Aufsatz Hai-Kai (Yvan Goll): S. 90 Abs. 2: „bereitet ... vor."

6. Faksimiles

a) aus der Zeitschrift »Roland« vom 18. März 1925:
Cover, Inhaltsverzeichnis, S. 40.

ROLAND

Nr. 12   Berlin, den 18. März 1925   23. Jahrg.

Bezugspreis vierteljährlich M. 7,50 / Zu beziehen durch alle Buchhandlungen und Postanstalten

INHALT

Das Titelbild dieser Nummer stammt von M. Unold

DAS HAI-KAI

Ich möchte eine neue Seuche ins Land bringen. Ich weiß, das Land braucht Seuchen, kann ohne sie nicht leben, so paradox das klingt. Seuchen kommen aus dem Osten. Auch meine kommt daher. Direkt aber, nicht auf dem Umweg über Amerika, wo man, wie es scheint, nur die dümmsten importiert und weiterziehen läßt. Wie das Kreuzworträtsel. Selbst die passioniertesten Rätsellöser geben die Stupidität dieser Rätselei zu. Erklären, der Spaß vermindere sich in dem Maße, als er schwierig und nur mit Hilfe eines Lexikons herstellbar ist. Man sagt, der Tod des Kreuzworträtsels werfe schon seine Schatten voraus, und in einigen Monaten sei es überstanden. Was dann? Denn Seuche muß sein, muß!! Schrecklich der Gedanke, daß die nachfolgende noch stupider sein könnte als die eben überstandene. Dem will ich zuvorkommen mit dem Hai-Kai. So heißt das kleinste japanische Gedicht, das dreizeilige. Jedes japanische Mädchen kann solche Hai-Kai herstellen. Warum sollen das unsere Mädchen nicht treffen. Sind doch so keß. Man macht Hai-Kai in Gesellschaft, wie ein Pfänderspiel. Man kann, wenn es schon sein muß, zwischendurch immer ein bißchen tanzen. Hier sind einige Muster. Keine original-japanische, sondern, um es deutlicher zu machen, aus dem europäischen Kulturkreis erfundene. Man sieht gleich, worauf es ankommt. Auf ein Bildchen im kleinsten Raum mit einem pointierenden Akzent in der dritten oder auch schon zweiten Zeile.

Das ist alles. Aber sehr amüsant. Und schrecklich ansteckend. Eine richtige Seuche. Also: es lebe die neue Seuche des Hai-Kai!

„Bummbrummbummbumm" brüllt der Expreßzug.
„Gott, haben Sie mich erschreckt!"
Stöhnt im Schlummern der kleine Bahnhof.

Der Regen lacht auf mein Dach.
Der Regen weint an mein Fenster —
Gott! Was soll man glauben?

Sterne am Morgen, wie seid ihr bleich!
Es bekommt euch schlecht, o Sterne,
Die Nacht so durchzuschwärmen!

April, verwöhntes Kind, du weinst,
Weil dir ein Sonnenstrahl
Ins Auge kam, — verwöhntes Kind!

Sag nicht nein! Nicht nein!
Ich weiß ja, was du willst.
Warum denn lügen?

Es löst an ihrem Seidenstrumpf
Sich langsam eine Masche —
Und menschlich lächelt nun die Wade.

Aus der Faust entschlüpfend,
Die sie fing, die Fliege aufstöhnt:
„Sss, war das ein wüster Traum!"

Wie weit ist doch mein Weg!
Es sind des Nachts die Straßen
Viel länger als des Tags.

Wär nur der Tag um eine Stunde länger!
In dieser fünfundzwanzigsten
Vollendete ich alles.

Maria säugt das Christuskind
Und hinter ihr an einer Schnur,
Blähn sich im Wind die Windeln.   F. B.

b) Faksimile aus der Zeitschrift »Die literarische Welt«

vom 12. November 1926, S. 3 (Seitenausschnitt):

Iwan Goll: Hai-Kai

Niemand leugnet mehr, daß von allen Kunstformen die verlassenste und die verkannteste heute die Lyrik ist. Vielleicht nicht einmal ganz zu Unrecht? Vielleicht, weil sie in keiner Weise zu unserer Zeit eine Beziehung hat? Weil sie dem heutigen Menschen keine Nahrung bringt?

Lyrik, wie man sie früher verstand, war die Frucht der Meditation und auch die Anregerin dazu. Wer aber kann und will heute meditieren? Nichts kommt ungelegener als solch ein Wort. Der Erzieher des modernen Menschen ist die Reklame: und diese nimmt ihm alle Mühe des Denkens ab, sie bedrängt ihn und bemächtigt sich seiner ganz. Und die Reklame ist schlau: sie mischt Elemente der Kunst und der Belehrung in ihren elektrischen Dialekt. Sie mundet frisch und angenehm. Hintennach klingt und zittert noch etwas.

Nun hilft es nichts, über den sogenannten Niedergang dieser Zeit zu lamentieren. Wir wollen leben, wir müssen leben! Und nein: das geschriebene Wort ist noch nicht endgültig tot, noch nicht ganz von Film und Radio beiseite geschoben. Noch ist Hoffnung da für die Dichter!

Aber die Dichter müssen die Instrumente der Zeit zu Hilfe nehmen und nicht trotzen!

Das wichtigste Element in der Kunst ist die Überraschung.

Ich habe versucht, meine Gefühle in Hai-Kai-Form zu bringen.

Zwölf Hai-Kai's der Liebe

Wir arbeiten zu Hunderten zusammen,
Wir lieben zu zweit,
Wir sterben jeder allein.

*

Die Akazie hat Millionen Blüten,
Um zu schreien und zu lieben:
Ich nur ein Herz!

*

Treffpunkt Orion:
Du von Paris, ich von Berlin,
Jeden Abend steigen wir hinauf.

*

Der Vogel muß singen,
Das Meer muß rauschen,
Ich muß weinen!

*

Aus dem zerbrochnen Krug
Des Halbmonds ergießt sich
Über den Himmel die Milchstraße.

*

Wie seit der Entdeckung der Elektrizität und des Telephons sämtliche Produktions-betriebe umgeformt und umgebaut wurden, so soll es auch die Dichtung. Es ist gerade-zu ein Nonsens, von einem Menschen mit heutigen Nerven zu verlangen, daß er von regelrecht skandierten und gereimten Ver-sen, die breit und behäbig und schwer hin-fließen, irgendeine tiefere Wirkung, ein in-neres Beben, ein Staunen verspüre! Sein Ohr hat ein anderes Tempo. Sein Auge eilt unmutig über die Zeilen hin. Und der Sing-sang des schönen Verses erweckt Langeweile.

Langeweile: die schwerste Sünde, die ein Künstler begehen kann! Ja, an der Misere der Lyrik sind in erster Linie die Dichter selbst schuld.

Die Menschen können nicht mehr so essen und denken wie früher. Man bereitet ihnen destillierte Speisen vor. Und der Künstler seinerseits setze ihnen komprimierte Kunst-pillen vor.

Es handelt sich hier nicht darum, die internen Putsche des Expressionismus auf-zufrischen, noch über die bereits ganz ent-blößte „Sturm"-Lyrik hinaus etwas Radika-leres zu predigen! Aber es muß mit fast wissenschaftlicher Ruhe eine Form gefun-den werden, die der inneren Denkweise des modernen Menschen entspricht. Ihr Haupt-faktor ist: größere Rapidität. Es muß jedem Gelegenheit gegeben werden, ein Gedicht zu goutieren, in welcher Lage er sich auch befindet: in der Stadtbahn oder im Lift. Dem Wiener Café entspricht die alte Lyrik: behäbiges Plätschern in sentimentalen Was-sern. Der neuen Bar an Straßenecken, wo man stehend den Kognak hinunterschluckt: der brennt und lange nachhält und den Or-ganismus peitscht, sollte das Neue eben-bürtig sein.

Weg mit allem Pathos, aller Rhetorik, allem Singsang und Liralei: dafür ein di-rekter Uppercut auf die linke Schläfe des Lesers oder ein blitzschneller Schlag in die Herzgegend. Rapides Bild. Überzeugender Ausdruck. Und langes Nachklingen der berührten Seele.

Nein, nichts Neues! Keine Angst! Viel-mehr etwas Uraltes offeriere ich: das Hai-Kai, die klassische Gedichtform der Japa-ner, die jahrhundertelang die einzige Art ihrer Lyrik geblieben ist. Ein Dreizeiler, das lyrische Epigramm, dessen Zweck ist, in möglichst wenig Worten ein möglichst intensives Bild und weites Gefühl hervor-zurufen.

Mehr als je bedarf unser nervöses Tem-perament einer knappen Form: sonst lang-weilen wir uns. Wir wissen, wir ahnen alle zu viel und zu schnell voraus. Und wehe dem Dichter, dem der Leser zuvorkommt.

Totenkopf des Mondes:
Giftzeichen für Liebende
Die Nachtwind trinken!

*

Eine Amsel singt
In der Schwarzpappel:
Ein Herz schlägt in meinem Geripp.

*

Hast du so sehr geweint?
Nach zwanzig Jahren Abschied
Regnete es noch.

*

Es gab hundert
Es gab tausend Straßen:
Und keine mehr zu dir!

*

Der Mond, mein weggeflogner Luftballon
Schwebt über den Baumwipfeln:
Ich strecke die Arme nach meiner Liebe.

*

Den Sonnen-Dotter lange rühren,
Die Wiesen-Nebel zu Schaum schlagen:
Abend-Cocktail!

*

Fünf Kontinente zittern,
Wenn der Korn-Preis steigt:
Und nicht, wenn du weinst!

7. Die Autoren

7.1. Franz Blei

 Franz Blei (1871–1942) war ein literarischer Tausendsassa, der sowohl als Schriftsteller wie auch als Herausgeber ein umfangreiches Werk hinterlassen hat. Geboren wurde er am 18. Januar 1871 in Wien. Der Vater war ursprünglich Schuster, lernte später Bauarbeiter und kam durch den Bau und Verkauf von Häusern zu Wohlstand. Als er meinte, genug für sich und die Familie verdient zu haben, setzte er sich zur Ruhe – überraschenderweise ohne ebendiese Familie. Die Gründe sind nicht bekannt, allerdings scheint eine andere Frau keine Rolle gespielt zu haben.

Franz Blei war eines von vier Kindern und hat seine Kindheit als glücklich und ohne allzu große Zwänge empfunden. Eine französische Erzieherin brachte ihm, noch bevor er eingeschult wurde, das Lesen bei. Nach der Volksschule setzte er seine schulische Laufbahn im Kloster Melk fort, er scheint sich dort wohlgefühlt zu haben. Nachdem er eines Tages zusammen mit Freunden auf eigene Faust ein paar chemische Experimente angestellt und dabei eine Explosion verursacht hatte, musste er Melk allerdings verlassen. Anschließend wurde er am Gymnasium in Wien unterrichtet, dort entdeckte er die Literatur und das Theater. Besonders Heine, Shakespeare, Keller und Stifter scheint er in dieser Zeit schätzen gelernt zu haben. Später kamen, unter anderen, Herder und Schopenhauer dazu.

In seinen späten Teenagerjahren sah sich Franz Blei nach interessanten Tätigkeiten neben der Schule um und entschied sich, seine ersten Schritte als Revolutionär zu unternehmen. Zusammen mit einem Freund wurde ein Manifest entworfen und auch gleich an den bekannten Abgeordneten August Bebel geschickt. Der beauftragte seinen österreichischen Freund Viktor Adler, den Revolutionären auf den Zahn zu fühlen und festzustellen, ob es sich unter Umständen um eine Falle der Geheimpolizei handele. Die unerwartet freundliche Einladung Adlers an die Nachwuchsrevoluzzer zu einem Kaffee wiederum erregte in Blei und seinem Mitverschwörer den Verdacht, dass die Geheimpolizei nun ihnen selber auf der Spur war. In gegenseitiger Vorsicht traf man sich dennoch – und stellte bald hier Naivität, dort Wohlwollen bei der jeweils anderen Seite fest. In der Folge wurde Blei zwar kein Revolutionär, begann aber – neben der Vorbereitung auf das Abschlussexamen, die Matura – sich nützlich zu machen und Arbeiter zu unterrichten.

Ab 1890 studierte Blei politische Ökonomie in Zürich. Dort lernte er auch seine Frau, die Studentin der Zahnmedizin Maria Lehmann, kennen. 1893 heirateten sie und entfremdeten sich trotz zweier Kinder bald voneinander. Ebenfalls 1893 fand der Internationale Sozialistische Arbeiterkongress in Zürich statt. Blei hegte offenbar immer noch linksradikale Sehnsüchte: zusammen mit ein paar Kommilitonen forderte er eine marxistische Erneuerung der Sozialdemokratie. Er wurde jedoch von den realistischeren Genossen ausmanövriert und wandte sich daraufhin mehr und mehr von der Politik weg und zur Literatur hin. Trotzdem gab er die Politik vorläufig noch nicht ganz auf. So gründete er in Genf einen sozialistischen Klub, in dem auch Lenin einmal vorbeischaute. Blei erkannte allerdings schon bald, dass Lenin zwar umgänglich, als Berufsrevolutionär dennoch zu dogmatisch für seinen Geschmack war.

1894 promovierte Blei über die ökonomischen Theorien des Abbé Galiani (1727-1787). Innerlich scheint er sich zu diesem

Zeitpunkt aber bereits von der Ökonomie verabschiedet zu haben – seine umfangreiche Fachbibliothek verkaufte er und entschloss sich zu einem Leben in der literarischen Welt. Das mag auf den ersten Blick verwundern. Aber Franz Blei war wohl zu dem Schluss gekommen, dass außer der Ökonomie auch die revolutionäre Politik für ihn doch nicht das Richtige war.

Offenbar war es eine gute Entscheidung gewesen. Der Blei-Kenner Gregor Eisenhauer bescheinigt ihm einen Einfluss in der literarischen Welt, wie ihn außer ihm vielleicht nur noch, Jahrzehnte später, Hans Magnus Enzensberger erreicht hat. Blei schrieb nicht nur, er förderte junge Talente (wie z.B. Robert Walser, auch Robert Musil nahm seine Unterstützung in Anspruch) und wurde ein unermüdlicher Herausgeber. Heute würde man wohl sagen: er war ein ganz ausgezeichneter Netzwerker im literarischen Betrieb.

Bleis eigene frühen Werke scheinen sich thematisch vorwiegend im erotischen Bereich abgespielt zu haben. Am Ende seines Lebens wird er hauptsächlich als Publizist und Übersetzer in Erinnerung bleiben, der u.a. Baudelaire, Claudel, Gide, Stendhal, Zola, Hawthorne, Wilde, Lukian und Secundus übersetzt und die Werke mehrerer Autoren herausgegeben hatte, darunter diejenigen von Edgar Allan Poe. Im Jahr 1900 scheint zum ersten Mal Japan als Thema in seinem Werk durch: Blei publizierte einen Aufsatz über japanische Literatur.

Kurz nach der Jahrhundertwende zog er nach München. 1907 wurde er in Bayern wegen literarischer Sittlichkeitsvergehen angeklagt, freigesprochen und von einem Teil der Geschworenen um Exemplare seiner Bücher gebeten. Seinen Lebensunterhalt bestritt Blei in dieser Zeit im Wesentlichen vom väterlichen Geld; literarischen Tätigkeiten ging er mehr um der Sache als um des Geldverdienens willen nach. In München arbeitete er u.a. am letzten Jahrgang der Zeitschrift „Insel" mit und schrieb Beiträge zu so verschiedenen Autoren und Themen wie Mechthild von Magdeburg, Alfred Jarry, E. T. A. Hoffmann, Thomas Mann,

Lenz, H. G. Wells, Oscar Wilde, Wieland und altjapanischen Komödienspielen.

1908 gründete Blei die Zeitschrift *Hyperion*, an der zeitweise Autoren wie Robert Musil, Hugo von Hofmannsthal, Rainer Maria Rilke und Heinrich Mann mitarbeiteten. Blei beabsichtigte, literarische Entdeckungen in einem anspruchsvollen Format bekannt zu machen. Zu den Autoren, die publiziert wurden, zählten u.a. André Gide und Franz Kafka. 1918 musste die Zeitschrift eingestellt werden.

Projekte und Zeitschriften hatten sich bereits vor dem Krieg in rascher Folge abgelöst: Herausgeber der Zeitschrift *Zwiebelfisch* (der Titel ist ein Fachbegriff aus der Druckersprache), Nachfolgeprojekt *Der lose Vogel*, Mitarbeit an Franz Pfemferts *Aktion*, die später, während des Krieges, zu einem linksradikalen Blatt wurde – »das reine Dynamit gegen die staatliche Ordnung«, wie der Dramatiker Carl Zuckmayer in seinen Erinnerungen schrieb. 1913 dann Mitarbeit an *Die weißen Blätter*.

1914, nach Kriegsausbruch, wälzte Franz Blei wilde Pläne für ein vaterländisches Bühnenstück, war jedoch nach den ersten großen Schlachten an der Westfront von seinem kurzzeitigen Anfall von Patriotismus kuriert. Um eine Einberufung kam er allerdings nicht herum, hatte aber Glück. Wegen eines Herzleidens wurde er zur lebensrettenden Schreibstubenarbeit abkommandiert. Während zahlreiche Dichter und Maler in der Hölle der Schützengräben sinnlos starben, klebte Franz Blei Zettel, arbeitete in Berlin im Kriegsbeschaffungsamt, war zeitweise als Privatsekretär eines vermögenden und einflussreichen Österreichers verpflichtet und textete unbrauchbare Werbesprüche für Kriegsanleihen. Schließlich wurde er als Mitarbeiter zur national ausgerichteten Zeitschrift *Heimat* strafversetzt, als deren Chefredakteur, im Hauptmannsrang, Robert Musil fungierte; ob auch Musil strafhalber dorthin abkommandiert worden war, ist nicht bekannt. Dann war der Krieg zu Ende und das alte Österreich nur noch Geschichte.

Franz Blei hielt sich nicht lange in den Trümmern seiner alten Heimat auf und übersiedelte 1919 zunächst nach München, 1923 nach Berlin. Das Geld seines Vaters war mittlerweile aufgebraucht. Mehr schlecht als recht versuchte Blei nun, sich als Publizist über Wasser zu halten. Unter seinen zahlreichen Werken aus dieser Zeit finden sich 1920 und 1923 auch Übersetzungen japanischer Literatur, für die er als Herausgeber fungierte.

An sein Ansehen aus der Vorkriegszeit konnte Franz Blei jedoch nicht mehr so recht anknüpfen. Sein größter Erfolg in dieser Zeit war vielleicht ein satirisches Porträt der Literaturszene, *Das große Bestiarium der modernen Literatur*. Ein Beispiel: »Der Benn ist ein giftiger Lanzettfisch, den man zumeist in Leichenteilen Ertrunkener festgestellt hat. Fischt man solche Leichen an den Tag, so kriecht gern der Benn aus After oder Scham oder in diese hinein.« Gottfried Benn war einer der bekanntesten Dichter des Expressionismus, im Hauptberuf Arzt für Haut- und Geschlechtskrankheiten, und ist noch heute für sein Gedicht *Kleine Aster* über die Sektion einer Wasserleiche berühmt. Ob sich Blei mit dem *Bestiarium* nur Freunde gemacht hat, darf bezweifelt werden.

Hauptsächlich arbeitete Blei als freier Autor für zahllose Zeitschriften und Zeitungen, darunter das *Berliner Tageblatt* und die *Weltbühne*. Gelegentlich gründete er mal wieder eine Zeitschrift wie den *Roland*, der, außer zum Zweck des Gelderwerbs, vorwiegend zur gehobenen Unterhaltung gedacht gewesen zu sein scheint. Ein Blick auf einige Titel der Beiträge, zum Beispiel in der Nr. 12 vom 18. März 1925: *Heikle Sache, Ratschläge, Die Unzucht, Der Schwergeprüfte, Der nächste Krieg, Komödie und Liebe, Modenotizen der Frau von Suttner, Das Hai-Kai, Von neuen Büchern, Kunstmarkt*. Nur von den Titeln ausgehend, muss man den Eindruck gewinnen, hier sei für jeden etwas dabei: Probleme, Sex, Leiden, Kampf, Liebe, Mode, Exotik, Literatur und Kunst.

In dieser Ausgabe des *Roland* stoßen wir in Franz Bleis Leben nun auf das Haiku. Er scheint Haiku nur dieses eine Mal, und auch nur in einem humorigen Rahmen, publiziert zu haben. Was genau ihn 1925 zu seiner Glosse bewogen hat, ist nicht mehr festzustellen. Hat er sich wirklich über Kreuzworträtsel lustig machen wollen, wie er in seinem Text vorgibt? Oder hat er unter dem Deckmantel des Humors eine neue Form in die Lyrik einführen, vielleicht ihre Wirkung beim Publikum testen wollen? Wir wissen es nicht. Sein Lebenslauf legt die Vermutung nahe, dass er einfach habe unterhalten und Interesse erregen wollen – irgendwie musste sich die Zeitschrift schließlich verkaufen, er brauchte dringend Geld. Als Gedichtform scheint ihm das Haiku nicht weiter wichtig gewesen zu sein: in seinem Werk sind jedenfalls, außer den hier vorgestellten zwölf Haiku, keine weiteren bekannt. Dennoch bleibt es dabei, dass von ihm die ersten deutschsprachigen Originalhaiku gedruckt worden sind.

Bezüglich der formalen Kennzeichen des klassischen Haiku hält Blei sich an wenige, klar zu benennende Kriterien. Zunächst verzichtet er auf Überschriften, was alles andere als selbstverständlich ist: Noch nach dem Zweiten Weltkrieg haben zwei der bekanntesten Haiku-Dichterinnen deutscher Sprache, Imma Bodmershof und Flandrina v. Salis, in ihren Anfängen ihre Haiku zumindest teilweise mit Überschriften versehen. Dann greift Blei die dreizeilige Form auf, die die Strukturierung der Originale in drei Einheiten zu fünf, sieben und fünf Moren wiedergibt. Die Zeilenlänge selber handhabt Blei frei. Außer auf eine Übernahme von 17 Maßeinheiten verzichtet Blei auch auf charakteristische Stilmittel des klassischen Haiku: *kigo* (Jahreszeitenwort), *kidai* (Jahreszeitenthema), *kireji* (Einschnitt), *yo-haku* (der unausgefüllte/leere Raum), *yoin* (Nachklang), ein konkretes Bild aus der Realität. Statt eine reale Szene zu entwerfen, vermenschlicht Blei oft Dinge, wie z.B. einen Bahnhof oder die Sterne. Einige Haiku muten dabei sogar ausgesprochen expressionistisch an, wie der folgende Vergleich mit Passagen aus bekannten Gedichten des Expressionismus zeigt:

Sterne am Morgen, wie seid ihr bleich!
Es bekommt euch schlecht, o Sterne,
Die Nacht so durchzuschwärmen!

(Franz Blei)

Der Himmel sieht verbummelt aus und bleich,
als wäre ihm die Schminke ausgegangen.

(aus *Die Dämmerung*, Alfred Lichtenstein)

„Bummbrummbummbumm" brüllt der Expreßzug.
„Gott, haben Sie mich erschreckt!"
Stöhnt im Schlummern der kleine Bahnhof.

(Franz Blei)

Die wilden Meere hupfen
an Land, um dicke Dämme zu zerdrücken.

(aus *Weltende*, Jakob van Hoddis)

Die Steine feinden
Fenster grinst Verrat

(aus *Patrouille*, August Stramm)

Franz Blei hat hier also für seine Haiku die Knappheit der japanischen Vorbilder übernommen, auch die Konzentration auf ein Motiv bzw. Bild. Seine Stilmittel sind dann wiederum von der westlichen Lyriktradition geprägt. Über eine Aneignung der kurzen, in diesem Fall dreizeiligen Form kam Blei nicht hinaus. Trotzdem kann man mit einigem Recht vermuten, dass seine Glosse – neben den damals gängigen Anthologien – dazu beigetragen hat, das Haiku ein wenig bekannter zu machen. Und, nicht zu vergessen, den Boden für eine eigenständige deutschsprachige Haiku-Dichtung vorzubereiten. Leider lässt sich die Wirkungsgeschichte von Bleis Haiku heute nur noch schwer im Einzelnen nachvollziehen.

Der Rest von Franz Bleis Leben ist schnell erzählt. 1931 emigrierte Blei ins spanische Mallorca, 1936 floh er vor dem Spanischen Bürgerkrieg zurück nach Wien. Man saß dort im Café und wartete auf bessere Zeiten, wenn man nicht gleich die Auswanderung plante. Blei traf hier auf Robert Musil, Hermann Broch, Albert Gütersloh und viele andere. Aber die Luft wurde dünner, zumal nach dem Anschluss Österreichs an das Dritte Reich 1938. Schließlich machte sich auch Blei, den Nazis missliebig war, auf den Weg. 1939 lebte er in der Gegend von Nizza, ein Jahr später in Marseille. 1941 gelang ihm schließlich, was in dem Filmklassiker *Casablanca* als Traum aller gestrandeten Emigranten gezeigt wird: die Ausreise mit einem Visum über Lissabon in die USA. Sein Glück machte er nicht mehr. Am 10. Juli 1942 starb Franz Blei in Westbury bei New York, zwar in Freiheit, aber völlig verarmt.

7.2. Yvan Goll

Yvan Goll (1891–1950) war als Dichter gleich in zwei Sprachen – Französisch und Deutsch – zu Hause. Leider hat das über Jahrzehnte dazu geführt, dass sich weder die Germanistik noch die Romanistik richtig zuständig für sein Schaffen gefühlt haben. Selbst unter germanistisch ausgebildeten Fachleuten wird sein Name oft erst einmal mit der hässlichen Plagiatsaffäre in Verbindung gebracht, die seine Witwe nach seinem Tod lostrat und in der sie den Dichter Paul Celan – wie wir heute wissen, zu Unrecht – beschuldigte. Wer war Yvan Goll, der als Erster ernst zu nehmende Haiku veröffentlichte?

Ein so buntes Leben wie Franz Blei hat Goll nicht geführt, das sei an dieser Stelle gleich vorausgeschickt – obwohl es keineswegs arm an interessanten Begegnungen gewesen ist. Aber trotz zweier Weltkriege verlief sein Lebensweg erstaunlich gerade in literarischen Bahnen.

Geboren wurde der spätere Yvan Goll am 29. März 1891 als Isaac Lang in dem französischen Ort Saint-Dié in den Vogesen. Sein Vater, ein Tuchfabrikant, starb schon sechs Jahre später. Seine Mutter zog daraufhin mit ihrem Sohn nach Metz, das damals, von 1871–1918, zum Deutschen Reich gehörte. Dort heiratete sie später den Germanistikprofessor Daniel Kahn, und 1909 bekamen Mutter und Sohn die deutsche Staatsbürgerschaft. Ein Jahr später legte Isaac Lang in Metz die Abiturprüfung ab. Anschließend studierte er Jura zuerst in Straßburg, wahrscheinlich auch in Freiburg, München und Lausanne. Danach folgte vermutlich 1914 die Promotion (über Lothringisch-Elsässische Heimarbeiterinnen); die Angaben zu seinem Studiengang sind widersprüchlich.

Das Verhältnis zu seiner Familie scheint von früher Zeit an zwiespältig gewesen zu sein, jedenfalls suchte sich der Junge schon früh eine alternative Welt in der Literatur. Das war sicher nicht der schlechteste, jedenfalls ein erfolgreicher Fluchtweg: seit den 1910er Jahren veröffentlichte Isaac Lang selber Gedichte und schrieb so viel, dass er zahlreiche Pseudonyme verwendete. Seine ersten Gedichte zeichnete er mit den Namen Iwan Lazang, Iwan Lassang, Tristan Torsi und Johannes Lang – unter letzterem Namen wurden 1913 Gedichte in Franz Pfemferts *Aktion* abgedruckt; fast zur selben Zeit, als auch der 20 Jahre ältere Franz Blei für die *Aktion* arbeitete. Und wie auch Franz Blei, lebte Isaac Lang zunächst vom väterlichen Geld. Da hatte er sich aber schon eines seiner Pseudonyme – Yvan Goll, in anderer Schreibweise Ivan Goll – als festen Künstlernamen ausgesucht.

Der Kriegsausbruch bedeutete für Yvan Goll einen radikalen Einschnitt. Im Gegensatz zu Franz Blei (und so vielen anderen) blieb er jedoch vollkommen frei von vorübergehenden Anwandlungen vaterländischen Hurra-Patriotismusses. Vielleicht verdankt er das dem glücklichen Umstand, sich sowohl Deutschland als auch Frankreich verbunden gefühlt zu haben. Als der Krieg ausbrach, meldete sich Goll entsprechend nicht, wie damals unter vielen jungen Leuten üblich, freiwillig an die Front. Im Gegenteil: um sicher sein zu können, nicht eingezogen zu werden, emigrierte Yvan Goll in die neutrale Schweiz. Das Schicksal so vieler deutscher Dichter, in den Schützengräben zu sterben, blieb ihm auf diese Weise erspart.

In der Schweiz lernte Yvan Goll Künstler und Schriftsteller wie Hans Arp, James Joyce, Frans Masereel und Tristan Tzara kennen – es muss eine belebende, weltläufige und inspirierende Gesellschaft gewesen sein. Auch seine spätere Frau, die damalige Claire Studer, geb. Aischmann, traf er 1917 dort. Sie war frisch von ihrem Ehemann, dem Verleger Heinrich Studer, geschieden, mit dem sie in Leipzig gelebt hatte, und neu in Zürich eingetroffen. Sowohl Goll als auch Studer verband über die private auch eine berufliche Gemeinsamkeit, nämlich das Interesse an der Literatur. Beiden stand eine dichterische Karriere bevor – wenn auch Yvan Golls Werke wesentlich bekannter werden sollten als die seiner Frau. 1918 veröffentlichten sie jeweils eigene Arbeiten, den Sommer verlebten sie in einer Künstlerkolonie in Ascona im Tessin. Zwischendurch reiste die künftige Claire Goll nach München und freundete sich dort mit Rainer Maria Rilke an.

Ende 1919 siedelten sie gemeinsam nach Paris um, zwei Jahre später heirateten sie standesamtlich. Die Golls fanden in ihrer neuen Heimat rasch Anschluss an die lebendige künstlerische Szene; besonders der Kubismus und der Surrealismus interessierten sie.

Bis 1925 – dem Jahr, in dem Franz Bleis Haiku erschienen – publizierte Goll u.a. Gedichte, Essays, ein Drama und betreute verschiedene Werke als Herausgeber. Daneben gründete er 1924 die Zeitschrift *Surrealisme*, die allerdings über die erste Nummer nicht hinauskam. Gleichzeitig geriet er in dieser Zeit immer wieder mit André Breton, einem der führenden Pariser Surrealisten, aneinander. Ursache waren unterschiedliche Ansichten darüber, was denn nun Surrealismus sei. Der Ausdruck stammt von Guillaume Apollinaire, wurde Anfang der 1920er Jahre in Paris jedoch auf ganz verschiedene Weise interpretiert. Auf der einen Seite stand eine Gruppe um André Breton, auf der anderen Seite ein loser Verbund, zu dem auch Goll gehörte. 1924 spitzte sich der Konflikt zu, sowohl Breton als auch Goll publizierten jeweils ihr eigenes surrealistisches Manifest. Heute würde man vielleicht, etwas vereinfacht, sagen: es war ein Kampf um Deutungshoheit und künstlerische Markenrechte. Das ging so weit, dass man sogar unter dem Schlagwort *surrealistisch* stattfindende Veranstaltungen der Gegenseite als unsurrealistisch empfand und zu stören versuchte. Dabei ging es durchaus auch ganz unkultiviert zu: bei einer Gelegenheit versetzte Yvan Goll Breton einen Faustschlag ins Gesicht.

Nach und nach scheint Goll sich aus diesen Querelen zurückgezogen und sich kaum noch theoretisch geäußert zu haben. Man könnte dies einerseits als Flucht in die Kunst, genauso gut aber auch als Konzentration auf die Arbeit interpretieren. 1925 erschien mit *Poèmes d'amour* zum ersten Mal eine Gemeinschaftsarbeit von ihm und seiner Frau. In den Folgejahren wandte Goll sich verstärkt der Prosa zu: von 1927 bis 1929 veröffentlichte er jeweils gleich zwei Romane pro Jahr. Lyrik schrieb (und publizierte) er weiterhin, darunter auch seine beiden ersten Haiku-Zyklen (1926 und 1927). Außerdem arbeitete er mit Kurt Weill, der heute vor allem für seine Arbeit mit Bertolt Brecht bekannt ist, zusammen. Wer jemals versucht hat, auch nur einen einzigen, einfachen Unterhaltungsroman selber zu schreiben, kann beurteilen, was für eine unglaubliche Produktivität Goll in diesen Jahren entfaltete.

Das Haiku hat Yvan Goll zuerst, so lässt sich mit einigem Recht vermuten, durch eine Publikation von Jean Paulhan kennengelernt. Paulhan hatte schon 1920 in der *Nouvelle Revue Française*, die Goll höchstwahrscheinlich gekannt hat, eine Sammlung französischer Haiku nebst einer Einleitung veröffentlicht. Auf originale japanische Gedichte traf Goll spätestens bei seinen Vorarbeiten zu einer weltumspannenden Lyrik-Anthologie, die er 1922 unter dem Titel *Les cinq continents. Anthologie mondiale de poésie contemporaire* herausgab. Die knappe Form des Haiku wurde schon von Franz Blei geschätzt (»Man sieht gleich, worauf es ankommt. Auf ein Bildchen im kleinsten Raum«), und Goll scheint es ebenso gegangen zu sein (»Mehr als je bedarf unser nervöses Temperament einer knappen Form: sonst langweilen wir uns«).

Am Freitag, 12. November 1926 erschien dann in der Berliner Zeitschrift *Die literarische Welt* ein Artikel von Goll, mit dem Titel *Hai-Kai,* einschließlich seiner ersten Haiku. Der Autorenname ist dort mit *Iwan Goll* angegeben.

Die äußere Form von Golls Haiku entspricht damals schon dem heute üblichen Druckbild: drei Zeilen, keine Überschrift. Damit war Goll seiner Zeit um Einiges voraus. Denn die damals gängigen Anthologien von, beispielsweise, Florenz, Bethge und

Kurth mit Nachdichtungen japanischer Lyrik versahen die Gedichte allesamt mit Überschriften – auch wenn die Originale ohne Titel auskamen. Teilweise wurden die Nachdichtungen der Originale sogar, wie bei Florenz, in fünfzeilige Reimschemata gepresst. Und selbst die erst 1939 erschienenen Haiku in der wohl einflussreichsten Anthologie mit Nachdichtungen (durch Anna von Rottauscher, unter dem Titel *Ihr gelben Chrysanthemen*) hatten allesamt eine Überschrift. Gleiches gilt für andere Dichterinnen und Dichter, die nach Goll eigene Haiku schrieben. Auch sie fügten ihren Haiku zunächst noch Titel hinzu. So 1955 die schweizerische Dichterin Flandrina von Salis in ihrer berühmten Sammlung *Mohnblüten;* erst in späteren Werken verzichtete sie auf Überschriften, wie z.B. in den Bänden *Wahrnehmungen* (1993) und *Der Buchsbaumgarten* (2014). Gleiches gilt, in Teilen, für Karl Kleinschmidt, der nach dem Zweiten Weltkrieg wie v. Salis die deutschsprachige Haiku-Tradition zu begründen half. Selbst die bisher wohl wichtigste deutschsprachige Haikudichterin, die Österreicherin Imma Bodmershof, schrieb in ihrer Anfangszeit einzelne Haiku mit zusätzlichen Überschriften.

Was die Länge der Verse betraf, vermied es Goll, sich auf ein einheitliches Schema festzulegen. Er hat offensichtlich auch nicht versucht, das Längenverhältnis der japanischen Originale von 5 zu 7 zu 5 japanischen Moren wiederzugeben. Nicht einmal eine Annäherung an ein festes Längenmaß lässt sich bei Goll feststellen.

Sprachlich hat auch bei Goll eine dominante künstlerische Strömung seiner Zeit ihre Spuren in seinen Haiku hinterlassen. Doch während es bei Franz Blei der Expressionismus war, ist die Bildsprache der Haiku von Yvan Goll vom Surrealismus beeinflusst: Der Halbmond als zerbrochener Krug, aus dem die Milch(-straße) ausläuft sowie, in einem anderen Bild, als Luftballon; das Trinken des Windes; aus Sonne und Nebel einen Cocktail anrühren – Assoziationen zu den Werken Magrittes und Dalís liegen hier nahe. Verwunderlich ist das nicht, hat Goll doch insbesondere während seiner ersten Pariser Jahre den Surrealismus aktiv und engagiert vertreten.

Darüber hinaus hat Goll in seinen Haiku bemerkenswert oft mit der Technik des Gegensatzpaares gearbeitet. Dies wurde Jahrzehnte später von Wilhelm Bodmershof, Ehemann Imma Bodmershofs, als Kennzeichen vieler klassischer Haiku festgestellt. Auch wenn diese Technik nicht als charakteristisch für das Haiku an sich angesehen werden kann – es fällt trotzdem auf, dass Yvan Goll hier nicht nur die Form, sondern auch ein stilistisches Mittel übernommen hat. Allerdings ging er nicht so weit, Gegensatzpaare im Stil japanischer Haiku zu kombinieren; die Motivkombinationen bewegen sich i. d. R. außerhalb der japanischen Tradition.

Für Franz Blei, den zweiten Dichter, der neben Goll in den 1920er Jahren Haiku veröffentlichte, scheinen Haiku nur ein einmaliges (und satirisches) Mittel zum Zweck gewesen zu sein. Goll hingegen hat das Haiku mit seinen Möglichkeiten ernst genommen und es nicht als literarische Eintagsfliege betrachtet. Das zeigt seine anhaltende Beschäftigung mit dem Haiku über einen längeren Zeitraum. Zwei Zyklen veröffentlichte Goll zu Lebzeiten, zwei weitere Zyklen erschienen erst nach seinem Tod. Wenn man die Gesamtumstände berücksichtigt – also die Ernsthaftigkeit und Dauer der Beschäftigung mit dieser Gedichtform sowie die Publikationen –, dann ist es nicht zu viel gesagt, Yvan Goll als den ersten deutschsprachigen Haikudichter zu bezeichnen. Wohlgemerkt nicht als jemanden, der Haiku im japanischen *Stil* bzw. konsequent mit den bekannten japanischen Stilmitteln schrieb – soweit ging Goll nicht. Aber er war ein Dichter, der seine Haiku nicht nur nebenbei oder als einmaligen Versuch verfasste, sondern der anfing, diese kürzeste aller lyrischen *Formen* mit der deutschen Sprache zusammenzubringen.

1933 gehörten Golls Werke zu denjenigen, die von den Nationalsozialisten öffentlich verbrannt wurden, die deutsche Staatsbürgerschaft wurde ihm aberkannt. 1939 konnten er und seine

Frau Frankreich noch kurz vor Kriegsausbruch und der folgenden Besatzung verlassen und in die Vereinigten Staaten emigrieren. Im Gegensatz zu Franz Blei scheint Amerika Goll ein freundlicheres Gesicht gezeigt zu haben. Einige seiner Arbeiten wurden in Übersetzung publiziert, er schrieb Gedichte auf Englisch und konnte die franko-amerikanische Lyrikzeitschrift *Hémisphères* herausgeben. 1945 nahm er zusammen mit seiner Frau die amerikanische Staatsbürgerschaft an.

1947 kehrten Yvan und Claire Goll wieder nach Paris zurück. Dort traf Yvan Goll u.a. den wesentlich jüngeren Dichter Paul Celan. Dessen Gedichte erregten die Bewunderung Golls; bis zu seinem baldigen Tod – Goll war schwer an Leukämie erkrankt – blieb er mit Paul Celan befreundet. In Paris schrieb Yvan Goll weiterhin Gedichte und fand über sie zur deutschen Sprache zurück. Seine letzte Gedichtsammlung wurde, unter dem Titel *Traumkraut*, im Jahr nach seinem Tod veröffentlicht.

Am 27. Februar 1950 starb Yvan Goll im amerikanischen Krankenhaus von Neuilly.

8. Die Anfänge der deutschsprachigen Haiku-Dichtung

von Moritz Wulf Lange

Dieser Artikel erschien erstmals in der Zeitschrift für Germanistik, Neue Folge, XXXIV, 3/2024. Hrsg. v. Claudia Stockinger, Mark-Georg Dehrmann, Alexander Košenina und Ulrike Vedder. Lausanne: Peter Lang, 2024, S. 679–689. Für die hier abgedruckte Fassung wurden Satz- und Druckfehler stillschweigend verbessert sowie, in sehr wenigen Fällen, Anmerkungen um zusätzliche (und jeweils als solche gekennzeichnete) Informationen ergänzt.

Auf Deutsch kann man keine Haiku schreiben – diese Ansicht vertrat Prof. Erwin Jahn, der in Japan Jahrzehnte lang Deutsche Literatur gelehrt hatte, am 13. Februar 1960 in einem seitdem immer wieder zitierten[1] Artikel in der FAZ.[2] Sechzig Jahre später ist das Haiku (das in der Literatur aus historischen Gründen gelegentlich auch als *Hokku* oder *Haikai* bezeichnet wird) fest in der deutschsprachigen Literatur etabliert. Bedeutende zeitgenössische Lyrikerinnen und Lyriker – alle im Folgenden Genannten haben den Büchner-Preis erhalten – kommen immer wieder auf das Haiku zurück, sei es mit einigen Haiku innerhalb einzelner Gedichtbände (z B. Ernst Jandl 1973, Sarah Kirsch 1992, Jan Wagner seit 2004) oder mit eigenständigen Haiku-Sammlungen (H. C. Artmann 1984 und Durs Grünbein 2008). Seit 1988 ist die Deutsche Haiku-Gesellschaft aktiv, die eine vierteljährliche Zeitschrift herausgibt. Hunderte Autorinnen und Autoren schreiben Haiku, sowohl in traditioneller als auch in freier Form, die seit 1979 in zahlreichen Anthologien veröffentlicht worden sind. Bereits 1988 werden in einem Lehrmittelverlag Materialien zum Haiku für den Gebrauch im Deutschunterricht angeboten;[3] im Jahr 2015 findet sich das Schreiben von Haiku sogar als Unterrichtsstoff in einem Schulbuch für die vierte Klasse.[4] Aber wann wurden die ersten deutschsprachigen Haiku gedichtet bzw. publiziert?

Nach einer historischen Einführung zum Hintergrund des Haiku in der deutschen Literatur wird die Sekundärliteratur zu den ersten deutschsprachigen Haikudichtern (Dichterinnen werden erst nach 1945 aktiv) diskutiert; die gewonnenen Erkenntnisse werden ggf. mit der Quellenlage abgeglichen. Abschließend werden die Ergebnisse zusammengefasst.

*

I. Gehen wir zuerst gut 170 Jahre zurück. Im Jahr 1849 wurden zum ersten Mal japanische Gedichte in die deutsche Sprache übersetzt: August Pfizmaier veröffentlichte sie in den Sitzungsberichten der Kaiserlichen Akademie der Wissenschaften, Wien.[5] Darunter waren, wie der japanische Germanistikprofessor Keiji Katô schreibt, Übersetzungen von Tanka in der Form von fünf Zeilen zu 5, 7, 5, 7 und 7 Silben pro Zeile.[6] Hier zeigt sich in den ersten drei Zeilen bereits die Form, die heute – u. a. in literaturwissenschaftlichen Standardwerken[7] – für das deutschsprachige Haiku als traditionelle Form (im Gegensatz zur freien Form) angesehen wird: Drei Zeilen im Längenverhältnis 5:7:5, in denen die japanische Zählung der Moren (metrischen Einheiten) durch die Zählung von Silben, als der Basis metrischer Zählung im Deutschen, ersetzt wird.

Ab 1854 öffnete sich Japan nach jahrhundertelanger Isolation zum Westen; daraufhin entstand in Teilen Europas in den folgenden Jahrzehnten eine regelrechte Japan-Mode. Jedoch dauerte es, bis japanische Dichtung in Deutschland von einer breiteren Öffentlichkeit wahrgenommen werden konnte. Zunächst erschien 1884 die Gedichtsammlung *Altjapanische Frühlingslieder*.[8] Größeren Einfluss hatte zehn Jahre später, 1894, die seinerzeit sehr bekannte Anthologie *Dichtergrüsse aus dem Osten* von Karl Florenz.[9] Dieser hatte verschiedene japanische Gedichte ins Deutsche übersetzt und in seine Sammlung auch ein paar Haiku aufgenommen, allerdings ohne diesen Begriff ausdrücklich zu erwähnen. Florenz' Übersetzungen sind eher sehr freien Bearbeitungen vergleichbar, müssen aber recht erfolgreich gewesen sein[10] – bereits eine *ad hoc* durchgeführte Online-Recherche im Zentralen Verzeichnis Antiquarischer Bücher weist verschiedene Auflagen in den Jahren 1894, 1896, 1910 und 1914

nach.[11] Es lässt sich festhalten: Um die vorletzte Jahrhundert-
wende war vielleicht noch nicht der Begriff *Haiku* bekannt – die
Existenz japanischer Dichtung aber sehr wohl, auch über wissen-
schaftliche Fachkreise hinaus.

Wenn wir zu den Anfängen der deutschsprachigen Haiku-
Dichtung recherchieren, stoßen wir in der Literatur recht schnell
auf die Werke von Dr. Herbert Fussy (Germanist), Dr. Sabine
Sommerkamp (Amerikanistin, Japanologin und Haikudichte-
rin), Margret Buerschaper M. A. (Pädagogin, Germanistin, His-
torikerin, Haikudichterin und Mitbegründerin der Deutschen
Haiku-Gesellschaft) und nicht zuletzt von Dr. Andreas Wittbrodt
(Germanist). Weitere Beiträge stammen von der Japanologin Dr.
Ingrid Schuster, dem Literaturwissenschaftler (und Übersetzer
bzw. Herausgeber japanischer Haiku) Prof. Dietrich Krusche so-
wie dem japanischen Germanistikprofessor Keiji Katô. Im Zu-
sammenhang mit der frühesten deutschsprachigen
Haikudichtung werden bei diesen Autorinnen und Autoren im-
mer wieder folgende Namen genannt: Paul Ernst, Arno Holz, Alf-
red Mombert, Max Dauthendey, Rainer Maria Rilke, Hans
Kanzius, Klabund, Franz Blei und Yvan (in anderer Schreibweise
Ivan, auch *Iwan*) Goll. Welche Rolle diese Personen für die Ent-
stehung der deutschsprachigen Haikudichtung spielen, wird da-
bei sehr unterschiedlich bewertet.

II. Beginnen wir mit Paul Ernst. Fussy schreibt ihm zu, die ersten
selbständigen (wobei er *selbständigen* in Anführungszeichen
setzt) deutschen Haiku 1898 in seiner Gedichtsammlung *Poly-
meter* veröffentlicht zu haben, allerdings ohne sie ausdrücklich
Haiku zu nennen,[12] und gibt zwei Beispiele an.[13]

Du wandertest durch die betaute Wiese,
Langsam.
Ich sah hinter dir den Streifen im Gras.

Dein ruhiges Gesicht.
Die laute Welt ist fern.
Der Schatten eines Zweiges mit Blättern auf Marmorstufen.

Auf eine Diskussion dieser Texte wird noch zurückzukommen sein. Krusche ordnet Paul Ernst als Autor von Haiku-Versuchen ein,[14] allerdings ohne darauf einzugehen, dass Ernst selber seine Werke nicht Haiku nannte. Als Beleg zitiert Krusche drei Zeilen Ernsts, die sich nicht bei Fussy finden:

Ein weiter Glockenton
aus einem stillen Wald
über dunkle Pfade.[15]

Buerschaper zitiert Fussys Aussage, dass die ersten selbständigen deutschsprachigen Haiku im Polymeter von Paul Ernst erschienen seien (wobei sie im Zitat *selbständige* nicht in Anführungszeichen setzt),[16] ohne diese Aussage zu kommentieren. Allerdings bescheinigt sie selber Ernsts Gedichten auf der nächsten Seite ihrer Arbeit einschränkend nur „eine Verwandtschaft mit dem Haiku".[17] Ergänzend gibt sie zwei Textbeispiele[18] an, die nicht bei Fussy aufgeführt sind, eines davon das bereits bei Krusche zitierte:

Ein weiter Glockenton
Aus einem stillen Wald
Über dunkle Pfade.

Eine Wasserrose,
Die aus der Tiefe auftaucht.
Kräuselt sich das Wasser.

Somerkamp folgt bezüglich der frühen Geschichte des deutschsprachigen Haiku in ihrer Darstellung ausdrücklich dem Aufsatz von Fussy.[19] Entsprechend verortet sie die ersten selbständigen (wobei sie, wie Fussy, *selbständigen* in Anführungszeichen setzt) deutschen Haiku ebenfalls 1898 in Ernsts Gedichtsammlung *Polymeter*.[20] Als Beispiel nennt sie jene Zeilen von Paul Ernst, die schon bei Buerschaper, nicht aber bei Fussy angeführt werden:

Eine Wasserrose,
Die aus der Tiefe auftaucht.
Kräuselt sich das Wasser.[21]

Bei der Beschäftigung mit der Frage, ob Paul Ernst ein Haiku-dichter, eventuell sogar der erste deutsche Haikudichter, ist, muss dem bei Krusche (und ein Jahr später bei Buerschaper) zitierten Textbeispiel besondere Aufmerksamkeit gelten. Es hat seinen Weg in die erste Anthologie deutschsprachiger Haiku gefunden; diese ist, mit deutschen Haiku und japanischen Begleittexten, 1979 (nicht 1978, wie in der Literatur manchmal fälschlicherweise angegeben)[22] in Japan erschienen und wurde von Sakanishi und anderen, darunter auch Herbert Fussy, herausgegeben.[23] Im Folgenden wird auf dies Werk der Einfachheit halber mit *Sakanishi* verwiesen. Hat also Paul Ernst 1898 in seiner Gedichtsammlung *Polymeter* tatsächlich als Erster deutschsprachige Haiku veröffentlicht, wie diese Sammlung auf den ersten Blick nahelegt?

Es gibt Gegenstimmen. Bereits Schuster sieht bei Ernst lediglich die zeitweilige Beschäftigung mit japanischen Einflüssen[24] und stellt darüber hinaus fest, dass Ernst sich schwerpunktmäßig chinesischen Einflüssen zugewandt habe.[25] Katô billigt einigen Dreizeilern von Paul Ernst zumindest einen „haiku-ähnlichen Nachklang"[26] zu, obwohl sie seiner Ansicht nach ausdrücklich „nicht als deutsche Haiku bezeichnet werden können".[27]

Ausführlich setzt sich Wittbrodt mit den Anfängen der deutschsprachigen Haikudichtung auseinander. Während er einleitend feststellt, dass allgemein Gedichte von Arno Holz und Paul Ernst als „Ausgangspunkt der deutschsprachigen Haiku-Literatur"[28] gälten, sieht er anschließend (wie nach ihm auch der Germanist Ralf Gnosa)[29] lediglich einen Einfluss chinesischer Literatur auf Ernsts Texte und schließt mit der Feststellung: „Die japanische Lyrik spielt bei Ernst [...] keine Rolle".[30] Als Beleg führt er Textvergleiche an und zeigt u. a., dass zumindest einige von Ernsts in der Literatur angeführten Textbeispielen weder Haiku noch haiku-ähnliche Texte sind, sondern längeren Gedichten bzw. Zyklen entnommen wurden. Eine im Rahmen dieser Arbeit vorgenommene systematische Überprüfung der in der Literatur zitierten Textbeispiele ergibt ein aufschlussreiches Bild; als Grundlage der Überprüfung diente die Neuausgabe von Paul Ernsts Werk *Polymeter*.[31]

Dort findet sich der in der Literatur zitierte Text *Du wandertest* als Nr. 6 innerhalb des Zyklus *Seelenliebe*,[32] der Text *Dein ruhiges Gesicht* unmittelbar vorher als Nr. 5.[33] Der Text *Ein weiter Glockenton* ist im selben Werk als Nr. 14 des Zyklus *Ein Totentanz* abgedruckt, allerdings mit einer Leerzeile vor dem dritten Vers.[34] Und der Text *Eine Wasserrose* steht weiter hinten im *Polymeter* als Nr. 7 des Zyklus *Seele* – ebenfalls mit einer Leerzeile vor dem dritten Vers.[35] Halten wir also fest: Sämtliche in der Literatur angeführten Texte von Paul Ernst, die seine Nähe zum Haiku belegen sollen, sind keine eigenständigen Dreizeiler, sondern allesamt nummerierte Teile längerer Gedichtzyklen, die schon durch ihre Nummerierung ausdrücklich in den Kontext des jeweiligen Zyklus gestellt worden sind. Obendrein wurde in den bei Krusche, Buerschaper und Sommerkamp angeführten Beispielen aus dem Originaltext zusätzlich noch jeweils eine Leerzeile gelöscht. Eine Überprüfung der japanischen Begleittexte bei Sakanishi ergibt, dass die japanische Leserschaft auf den Charakter der zitierten Textstellen als Teile längerer Gedichte hingewiesen wird.[36] Wittbrodts Feststellung findet sich vollumfänglich bestätigt: Die in der Literatur zitierten Textbeispiele von Paul Ernst wurden alle aus einem größeren Zusammenhang herausgelöst und in zwei Fällen sogar bearbeitet. Die Gründe hierfür müssen an dieser Stelle offen bleiben. Die Autorschaft an frühen deutschsprachigen Haiku wurde Ernst möglicherweise nicht nur zugeschrieben, weil Auszüge aus Ernsts Gedichten von Fussy in die Nähe des Haiku gerückt wurden, sondern weil man im deutschen Sprachraum obendrein die entsprechenden, auf Deutsch abgedruckten Textauszüge bei Sakanishi mangels Kenntnis der beigegebenen, auf Japanisch verfassten Kommentare mutmaßlich für eigenständige Haiku hielt. Eine kontrollhalber vorgenommene Durchsicht des *Polymeter* enthüllt jedenfalls keine anderen Texte, die sich als Haiku klassifizieren ließen. Offenbar hat Paul Ernst keine Haiku geschrieben.

III. Arno Holz wird in der Literatur etwas anders als Paul Ernst eingeordnet. Niemand geht so weit, Holz ausdrücklich einen Haiku-Dichter zu nennen. Schuster sieht Holz in seinen Werken mit Worten Bilder malen[37] (in diesem Ansatz der Abbildung des

Konkreten den japanischen Haikudichtern nicht unähnlich), verneint jedoch einen direkten Einfluss japanischer Lyrik in seiner Arbeit.[38] Während Fussy, nach Wittbrodt, in seiner Dissertation offenbar Holz noch als den ersten deutschen Haiku-Autor bezeichnet,[39] schreibt er ein paar Jahre später in seinem Aufsatz nur noch von mehrzeiligen Einheiten, die sich aus einigen von Holz' Gedichten herauslösen ließen und dem Haiku nahekämen.[40] Katô findet bei Holz als erstem deutschsprachigen Dichter die charakteristische knappe Aussageform des Haiku[41] (die von Holz allerdings in längeren Gedichten als dem dreizeiligen Haiku verwendet wurde). Ähnlich sieht Krusche Holz als eine zentrale Figur der frühen deutschsprachigen Haiku-Rezeption, der stilistisch-technische Aspekte japanischer Dichtung (bspw. die Anschaulichkeit und den Bildausschnitt)[42] in seinen eigenen Werken (wie dem *Papa Hamlet* und dem *Phantasus*) aufgegriffen habe. Dennoch vermeidet Krusche es, Holz ausdrücklich als Haiku-Dichter einzuordnen und führt von ihm entsprechend keine Textbeispiele an (wie er es bezüglich Dauthendey, Ernst, Mombert, Rilke, Blei und Goll sehr wohl tut).[43] Auch Buerschaper würdigt die Arbeit von Holz an der Entwicklung der lyrischen Form, stellt aber gleichzeitig fest, dass die in der ersten Anthologie deutschsprachiger Haiku veröffentlichten Texte von Holz allesamt Teile längerer Gedichte seien.[44] Sommerkamp streift in einem Satz beiläufig Altenberg, Mombert und Holz, ohne zu präzisieren, wessen Werk nun „Haiku" bzw. „impressionistische, in sich geschlossene Dreizeiler" enthalte.[45] Wittbrodt stellt unmissverständlich fest, dass Holz seine Gedichte nicht einmal in Anlehnung an das Haiku geschrieben habe.[46]

Zusammengefasst lässt sich sagen: In der Literatur wird einhellig die Meinung vertreten, dass Holz einzelne Techniken der japanischen Kunst, wie Konkretheit und knappe Aussageform, für seine literarische Arbeit übernommen habe, ohne dass ihm deswegen die Autorschaft ausdrücklich von Haiku zugeschrieben wird. Offenbar liegt in dieser Übernahme einzelner Techniken der Grund, dass sich von Holz bei Sakanishi gleich drei Texte finden, zwei Dreizeiler und ein Zweizeiler.[47] Sie alle sind, wie Buerschaper bereits angemerkt hat, keine in sich geschlossenen Texte innerhalb eines Zyklus, sondern Teile längerer Gedichte (der erste Dreizeiler entspricht den letzten drei Zeilen von Holz' Gedicht *Aus grauem Himmel*,[48] der zweite Dreizeiler besteht aus den letzten drei Zeilen des Gedichts *Ich bin der reichste Mann der Welt*,[49] und der Zweizeiler gibt die letzten beiden Zeilen des Gedichtes *In meinem glühenden Tulpenbaum*[50] wieder.) Auch hier wird in den japanischen Anmerkungen darauf verwiesen, dass es sich nicht um selbständige Texte handelt.[51] Selbst wenn Holz' Arbeit durch die japanische Kunst und Literatur beeinflusst wurde, bleibt festzuhalten: Haiku hat auch er nicht geschrieben.

IV. Alfred Mombert steht in der Sekundärliteratur etwas weniger im Fokus als Ernst und Holz. Nach Schuster besaß Mombert fast alle damals erhältlichen, poetisch oder philosophisch interessanten Veröffentlichungen über Japan,[52] allerdings bringt Schuster ihn nicht mit Haiku-Dichtung in Verbindung. Fussy widmet Mombert lediglich einen eher beiläufigen Satz („Impressionistische, in sich abgeschlossene Dreizeiler finden sich [...] auch bei Alfred Mombert.")[53] Katô erwähnt Mombert nicht, Buerschaper nennt seinen Namen nur beiläufig und stellt fest, dass Momberts bei Sakanishi veröffentlichte Texte ebenfalls Auszüge aus längeren Gedichten sind.[54] Auch Sommerkamp erwähnt Mombert am Rande, ohne ihn dabei als Haikudichter einzuordnen. Wittbrodt geht ebenfalls nur nebenbei auf Mombert ein mit der Bemerkung, dass auch seine Texte bei Sakanishi aus dem ursprünglichen Zusammenhang herausgelöst worden seien.[55] Lediglich Krusche rechnet Mombert zu denjenigen namhaften Autoren, die „bemerkenswerte Haiku-Versuche"[56] unternommen hätten und führt als Beleg einen Dreizeiler an, der sich auch bei Sakanishi wiederfindet.[57] Tatsächlich sind in dieser Anthologie insgesamt fünf Texte Momberts veröffentlicht, die allerdings – wie das schon bei Paul Ernst und Arno Holz der Fall gewesen ist – allesamt längeren Texten entnommen wurden: *Silberne Birken* stammt aus dem Gedicht *Treibendes Eis*, dessen erste Strophe es ist;[58] *Über gelben Blättern* aus Nr. 8 des Zyklus *Die Bilder des dritten Schiffers* (dort Vers vier bis sechs);[59] *HORCH!* aus dem Zyklus *Die Tat* (dort als Nr. 75);[60] *Die Frühlingswolke* aus dem Zyklus *Zweiter Denker* (dort als Vers 43–45)[61] sowie *Der Hauch* aus dem Zyklus *Elfter Denker* (dort als die letzten drei Verse von

Nr. 7).[62] Entsprechend werden die Texte auch in den japanischen Kommentaren eingeordnet. Es lässt sich festhalten: Auch Alfred Mombert hat keine deutschsprachigen Haiku geschrieben.

V. Max Dauthendey wird gelegentlich im Zusammenhang mit der frühesten deutschsprachigen Haiku-Dichtung genannt. Schuster widmet ihm gleich ein eigenes Kapitel und nennt ihn den „bekannteste[n] deutsche[n] Interpret[en] Japans",[63] der sich intensiv mit Japan beschäftigte, seine Eindrücke aber kreativ – obwohl er als Lyriker bekannt war – in der Form des Epos und der Novelle verarbeitete.[64] Bei Fussy, Katô und Sommerkamp wird Dauthendey gar nicht erst erwähnt. Krusche rechnet ihn den bereits zitierten Autoren, die frühe Haiku-Versuche machten, zu[65] und zitiert als Beleg Dauthendeys (fünfzeiliges) Gedicht *Toter Mond*, dessen Form (Überschrift, fünf Verse, Leerzeile) allerdings nichts mit einem Haiku zu tun hat. Buerschaper verneint ausdrücklich, dass Dauthendey Gedichte in Haiku-Form geschrieben habe.[66] Selbst der ansonsten sehr ausführliche Wittbrodt geht nur beiläufig auf Dauthendey ein.[67] Außer Krusches Beitrag legt nur ein bei Sakanishi veröffentlichter Text Dauthendeys[68] überhaupt die Vermutung nahe, Dauthendey könne zur deutschsprachigen Haiku-Dichtung beigetragen haben. Der besagte Text ist jedoch nichts anderes als die erste Strophe seines dreistrophigen Gedichtes *Regenduft*.[69] Auch Dauthendey hat, das lässt sich hier ohne Schwierigkeiten feststellen, keine deutschsprachigen Haiku geschrieben.

VI. Klabund ist, nach Schuster, unter den jungen deutschsprachigen Dichtern der Einzige, der sich bereits in der Vorkriegszeit in seinem Werk von japanischer Dichtung inspirieren ließ.[70] Heraus kam dabei allerdings – in Form der 1918 veröffentlichten Geisha-Lieder – Lyrik im Stile Klabunds, die wenig mit japanischer Dichtung, und schon gar nichts mit Haiku, zu tun hatte.[71] Daneben verweist Schuster auf insgesamt vier überlieferte Haiku von Klabund: Eines schrieb er offenbar als illustrative Improvisation im Rahmen einer 1929 veröffentlichten Literaturgeschichte;[72] das zweite, am selben Ort abgedruckt, ordnet Schuster als freie Übersetzung eines französischen Vorbildes ein.[73] Die anderen beiden Gedichte sind Teil von Klabunds 1921 geschriebenem und ein Jahr später veröffentlichten Roman *Spuk*. Schuster bescheinigt diesen beiden „Versuchen", wie sie Klabunds Vierzeiler nennt, fehlende Anschaulichkeit. Fussy[74] und Katô[75] erwähnen kurz Klabunds Geisha-Lieder, ohne auf die von Schuster zitierten Beispiele einzugehen. Krusche nennt Klabunds Namen innerhalb einer Reihen von Autorennamen im Zusammenhang mit Haiku-Versuchen, jedoch ohne diese zeitlich genauer einzuordnen und ohne (wie bei den anderen von ihm erwähnten Autoren) Textbeispiele zu nennen.[76] Buerschaper erwähnt ebenfalls kurz Klabunds Beispiele im Rahmen seiner Literaturgeschichte von 1929, allerdings ohne weiter auf die Texte einzugehen.[77] Wittbrodt streift Klabunds Geisha-Dichtung, der er eine „Ansammlung von Klischees"[78] bescheinigt, ohne auf die von Schuster erwähnten Haiku-Beispiele Bezug zu nehmen.

Auch wenn die beiden Haiku, die Klabund in seinen Roman *Spuk* einbaut, in der Literatur kaum Beachtung finden, stellt sich die Frage, ob sie zu den frühesten veröffentlichten deutschsprachigen Haiku zu zählen wären. Ein Blick in den Kontext der Veröffentlichung zeigt folgendes Bild: In Kapitel 37 mit dem Titel *Die Chinesin* verliebt sich der Ich-Erzähler in eine chinesische Bühnenkünstlerin; Klabund lässt seine Figur nun Folgendes sagen:

Damals erdachte ich mein erstes chinesisches Gedicht. Es war ganz kurz, das, was die Japaner Hokku nennen:

Du liebst den Henker.
Täglich mordet er dich.
Ewig fließt dein Blut.
Du aber lächelst.[79]

Hier spricht die Romanfigur; sie bezeichnet das Gedicht als chinesisches und verweist lediglich ergänzend auf eine japanische Bezeichnung. Bis auf die Überschriftlosigkeit hat das Gedicht mit einem Haiku nichts gemeinsam; entsprechend muss man festhalten, das die Romanfigur die Bezeichnung *Hokku* [= Haiku, M. L.] hier lediglich im Sinne von *Kurzgedicht* verwendet. Ein weiteres vierzeiliges Beispiel zwei Seiten weiter, im Rahmen der

Handlung von derselben Figur gedichtet, besteht aus zwei Verspaaren, in denen jeweils ein Naturphänomen einem Aspekt aus dem Leben der Romanfigur gegenübergestellt wird. Jedoch konstituiert die bloße Verwendung von Naturmotiven in einem Gedicht noch kein Haiku, andernfalls könnte man bspw. auch Goethe zu den Haikudichtern rechnen. Wenn man die genannten Umstände sowie die Sekundärliteratur berücksichtigt, muss man feststellen, dass die von Klabund in seinem Roman *Spuk* geschriebenen Gedichte keine Haiku sind. Dies wird durch den Umstand, dass sich bei Sakanishi, wo sogar Auszüge aus längeren Gedichten von Ernst, Holz, Mombert und Dauthendey abgedruckt sind, kein einziger Text von Klabund findet, noch unterstrichen.

VII. Über Rainer Maria Rilke herrscht bezüglich des Haiku in der Literatur weitgehend Einigkeit, daher können wir uns an dieser Stelle kurz fassen. Drei Haiku soll Rilke nach allgemeiner Lesart[80] geschrieben haben, davon zwei auf Französisch und eines auf Deutsch. Das deutschsprachige Haiku bildete am 25. Dezember 1920 die Einleitung eines Briefes an Baladine Klossowska (alias *Merline*), wurde allerdings erst 1954 im Rahmen ihres in Buchform veröffentlichten Briefwechsels abgedruckt.[81]

> Kleine Motten taumeln schauernd quer aus dem Buchs;
> Sie sterben heute Abend und werden nie wissen,
> daß es nicht Frühling war.

Das Haiku ist vergleichsweise lang, bewegt sich mit drei Versen aber im Rahmen der dreiteiligen Struktur japanischer Haiku; wie seine japanischen Vorbilder verzichtet es auf einen Titel, wenn man von der Bezeichnung der Gedichtform absieht, die Rilke dem Text in seinem Brief voranstellt. Und schließlich arbeitet Rilke mit einem Naturmotiv, sogar (und vielleicht unbewusst) unter Berücksichtigung der für das japanische Haiku bedeutenden Prinzipien von *utsuroi* und *mu-jô* (Wandel und Vergänglichkeit, alles fließt).[82] Dabei erinnern seine Verse an ein Haiku von Bashô (1644–1694), dem berühmtesten der japanischen Haikudichter:

Sie hat keinen Schimmer
dass sie bald stirbt – Zikade
mit ihrem Geschrill[83]

Damit gehört Rilke formal gesehen zu den ersten deutschspra-
chigen Haiku-Dichtern, auch wenn es bei diesem einen Beispiel
geblieben ist. Auf die Entwicklung der frühen deutschsprachigen
Haiku-Dichtung konnte das lange Zeit unveröffentlichte Gedicht
naturgemäß keinen Einfluss nehmen.

VIII. Hans Kanzius soll hier, bevor wir abschließend auf Franz
Blei und Yvan Goll zu sprechen kommen, ebenfalls noch erwähnt
werden. Er ist im Vergleich zu den bisher genannten Autoren ein
Sonderfall, weil er vergleichsweise unbekannt geblieben ist und
in der Sekundärliteratur kaum zur Kenntnis genommen wird.
Ein früher, wenn nicht sogar der früheste Hinweis auf Hans Kan-
zius findet sich in der ersten Anthologie deutschsprachiger
Haiku: Dort sind zwei seiner Haiku abgedruckt. Nach den beige-
gebenen kurzen biographischen Angaben ist er 1887 in Görlitz
geboren (Katô gibt das Geburtsjahr abweichend mit 1877 an)[84]
und 1960 in Hamburg gestorben, der Name soll ein Pseudonym
gewesen sein.[85] Schuster, Fussy, Krusche und Sommerkamp er-
wähnen ihn nicht, erst Katô geht kurz auf ihn ein. Demnach war
Kanzius ein Handlungsangestellter, der sich von 1920–1920 in
Japan aufhielt und dort u. a. direkte Kontakte zu japanischen
Haiku-Dichtern pflegte.[86] Auch Buerschaper erwähnt Kanzius,
ohne jedoch den Informationen von Katô etwas hinzufügen zu
können. Nach Wittbrodt hat Kanzius als erster überhaupt
deutschsprachige Haiku gedichtet;[87] dabei habe er versucht,
auch die Form möglichst genau zu berücksichtigen und das Län-
genverhältnis von 5:7:5 japanischen Moren durch ein Längenver-
hältnis von 5:7:5 Silben ersetzt; das ist aus metrischer Sicht
insofern nachvollziehbar, als man sowohl japanische Moren als
auch deutsche Silben mitklatschen kann. Wann genau er seine
Haiku gedichtet hat, ist nicht überliefert; nach Wittbrodt wurden
sie zwischen 1914 und 1920 geschrieben.[88] Und wie auch in Ril-
kes Fall wurden sie erst Jahrzehnte später veröffentlicht;[89] somit

hat auch er auf die Entwicklung der frühen deutschsprachigen Haiku-Dichtung weiter keinen Einfluss nehmen können. Die Frage nach seinem wirklichen Namen bliebe noch zu klären.

IX. Franz Blei beschäftigte sich, nach Schuster, mit japanischer Literatur und gab chinesische Erzählungen in Übersetzungen heraus[90] – viel mehr schreibt sie über ihn nicht. Das wird Blei jedoch nicht gerecht, hat er 1925 doch, im Rahmen eines Artikels, zwölf Haiku in einer (von ihm selbst gegründeten) Zeitschrift veröffentlicht.[91] Fussy nennt Blei als Autor „verspielter, oberflächlich pointierter, sentimentaler Dreizeiler",[92] Krusche zitiert ihn beiläufig in seiner bereits erwähnten Reihe „namhafte[r] deutsche[r] Autoren" mit einem Haiku.[93] Katô erwähnt Blei nur kurz, wobei er auf dessen stilistische Nähe zu zeitgenössischen französischen Haikudichtern verweist.[94] Auch Buerschaper geht nur beiläufig auf Blei ein, ohne seine Arbeit im Einzelnen zu bewerten, spricht ihm aber das Verdienst zu, für eine größere Verbreitung des Haiku gesorgt zu haben.[95] Sommerkamp erwähnt Blei nur kurz und mit Fussys Attributen versehen.[96] Erst Wittbrodt geht etwas ausführlicher auf Blei ein, verneint aber eine engere Verwandtschaft von Bleis Gedichten mit dem japanischen Haiku[97] und meint, dass seine Haiku Blei nur als Mittel zu einem spöttischen Seitenhieb dienten[98] – mithin zu rein illustrativen Zwecken geschrieben worden seien. In der ersten Anthologie deutschsprachiger Haiku sind zwei von Bleis Gedichten abgedruckt.[99]

Sentimentale Dreizeiler? Gedichte im Stil französischer Haiku? Spöttischer Seitenhieb? Die so unterschiedlich gelagerten Einordnungen von Bleis Haiku zeigen, dass seine Gedichte als die in der Forschungsliteratur umstrittensten von den bisher untersuchten Texten zu gelten haben. Schauen wir uns die Texte daher einmal näher an. Blei verwendet in seinen zwölf Haiku kaum Jahreszeitenbezüge, die für die japanische Haiku-Dichtung so charakteristisch sind, noch hält er ein bestimmtes Silbenschema ein. Stilistisch sind seine Haiku erkennbar vom Expressionismus geprägt (bspw. durch Personifizierung von Dingen und Naturerscheinungen), wie in diesem Haiku:

„Bummbrummbummbumm" brüllt der Expreßzug.
„Gott, haben Sie mich erschreckt!"
Stöhnt im Schlummern der kleine Bahnhof.[100]

Auch leise Anklänge an den Dadaismus finden sich: Das letzte Haiku lässt mit seiner profanisierenden Darstellung christlicher Motive an das 1916 in Zürich uraufgeführte bruitistische Krippenspiel des Dadaisten Hugo Ball denken:

Maria säugt das Christuskind
Und hinter ihr an einer Schnur,
Blähn sich im Wind die Windeln.[101]

Der Stil von Bleis Artikel gibt die Deutung Wittbrodts, Blei habe seine Haiku mehr oder weniger zum Zweck geschrieben, „satirische Zeitkritik"[102] üben zu können, ohne Weiteres her. Dabei legen Bleis damalige Lebensumstände die Vermutung nahe, er habe einfach Aufmerksamkeit erregen wollen, um ein wenig Geld zu verdienen: Das väterliche Erbe war schon lang aufgebraucht, an seinen literarischen Ruhm aus der Vorkriegszeit konnte er nicht mehr so recht anknüpfen – und das Inhaltsverzeichnis der Ausgabe der von ihm selber gegründeten Zeitschrift *Roland*, in der er seine Haiku veröffentlichte, bietet ein Sammelsurium an Themen: *Heikle Sache, Ratschläge, Die Unzucht, Der Schwergeprüfte, Der nächste Krieg, Komödie und Liebe, Modenotizen der Frau von Suttner, Das Hai-Kai.* Ohne allzu sehr zu übertreiben, lässt sich sicherlich sagen, dass die Zusammenstellung der Themen aus den Bereichen *Ratgeber, Sex, Krieg, Humor, Mode* und *Literatur* eher an ein Boulevardmagazin als an eine literarische Zeitschrift denken lässt.

Allerdings muss man Blei zugute halten, dass er offenbar durchaus wusste, was er tat. Er verzichtete auf Überschriften und gab die dreiteilige Struktur des japanischen Haiku durch eine Einteilung in drei Verse wieder – damit war er der späteren Haikudichtung voraus, in der nach dem Zweiten Weltkrieg die Haiku teilweise noch mit Überschriften versehen wurden.[103] Und so richtig es aus Gründen des von Blei verwendeten expressionistischen Stils ist, wenn Wittbrodt eine zwingende Verwandtschaft mit dem japanischen Haiku verneint[104] – man muss trotzdem anerkennen, dass Blei in seinen Haiku erstaunlich oft (in sieben von zehn Fällen) auf die Darstellung eines Gegensatzpaares zurückgreift, ein Prinzip, das in seiner japanischen Version in der Haiku-Dichtung als *tori-awase* bekannt ist – auch Imma Bodmershof, die nach dem Zweiten Weltkrieg die Grundlagen der deutschsprachigen Haikudichtung entscheidend prägte, arbeitete oft mit Gegensatzpaaren nach einer Theorie, die von ihrem Mann schriftlich ausformuliert[105] wurde. Es sind dies bei Blei: Brüllender Zug –erschreckter Bahnhof; lachen – weinen; Sterne nachts – Sterne tags; weinen – Sonnenschein; nein – ja; Bekleidung – Haut; langer Weg – kurzer Weg. Drei weitere Haiku kommen ohne Gegensatzpaar aus. Um Missverständnisse zu vermeiden: Blei arbeitete nicht mit dem Gegensatzpaar im japanischen Sinne, dafür sind seine Zusammenstellungen zu wenig bildhaft, zu wenig greifbar. Aber es lässt sich nicht übersehen, dass er in zwei Drittel seiner Haiku überhaupt die Technik zweier gegenübergestellter Motive verwendete und sich damit der japanischen Technik des *tori-awase* zumindest vorsichtig annäherte.

Wenn man dies alles berücksichtigt, muss man feststellen, dass Blei den ersten Ansatz einer Form des Haiku in die deutschsprachige Literatur eingeführt hat. Ob Mitglieder der Pfadfinder und der Bündischen Jugend, bei denen seit den 1920er Jahren hier und da auch bereits Haiku gedichtet wurden,[106] von Bleis Veröffentlichung beeinflusst waren, parallel zu Franz Blei oder sogar noch vor ihm angefangen hatten, Haiku zu schreiben, ist nicht mehr eindeutig zu klären; entsprechende Publikationen aus dieser Zeit sind nach heutigem Kenntnisstand nicht überliefert. Somit muss Franz Blei als der Erste gelten, der auf Deutsch gedichtete Texte, die grundlegende formale Merkmale ihrer japanischen Vorbilder aufgreifen, als Haiku veröffentlichte. Entsprechend ist es nicht zu viel gesagt, Franz Blei als den ersten wahrnehmbaren deutschsprachigen Haikudichter zu bezeichnen – auch wenn er noch ganz am Anfang stand und seine Haiku inhaltlich weit von ihren japanischen Vorbildern entfernt sind.

X. Yvan Goll muss der Vollständigkeit halber abschließend zumindest noch erwähnt werden. Er publizierte ein Jahr später als

Blei seine ersten Haiku,[107] später einen weiteren Zyklus; zwei weitere Haiku-Zyklen blieben zu Lebzeiten unveröffentlicht. Sie alle sind mittlerweile in der Ausgabe seiner gesammelten Lyrik zu finden.[108] Goll übernahm die dreizeilige, überschriftlose Form, die Blei eingeführt hatte, und gab den expressionistischen Stil Bleis weitgehend auf. Stattdessen arbeitete er in der weit überwiegenden Zahl seiner Haiku mit Naturmotiven, wenn auch noch nicht im japanischen Sinn. Aber immerhin: Ein Anfang war gemacht.

*

Zusammengefasst lässt sich Folgendes festhalten: Die in der Literatur oft erwähnten Dichter Paul Ernst, Arno Holz, Alfred Mombert, Max Dauthendey und Klabund haben keine Haiku geschrieben, sondern, wenn überhaupt, einzelne stilistische Aspekte des japanischen Haiku in Gedichten bzw. Gedichtzyklen aufgegriffen. Rainer Maria Rilke und Hans Kanzius haben sehr früh deutschsprachige Haiku geschrieben, die sowohl Teile der äußeren Form der japanischen Vorbilder als auch inhaltliche Aspekte berücksichtigen, jedoch erst nach dem Zweiten Weltkrieg veröffentlicht wurden und damit die frühe deutschsprachige Haikudichtung nicht beeinflussen konnten. Die ersten veröffentlichten deutschsprachigen Haiku wurden von Franz Blei und, wenig später, von Yvan Goll geschrieben. Auch wenn Blei und Goll zahlreiche grundlegende Merkmale des klassischen japanischen Haiku – wie den Jahreszeitenbezug (mit einem Jahreszeitenwort, japanisch *kigo*, ausgedrückt),[109] die Darstellung des Konkreten,[110] den leeren Raum[111] (japanisch *yo-haku*), den mit dem leeren Raum verbundenen Nachklang[112] (japanisch *yoin*) sowie die Länge von 17 metrischen Einheiten – noch nicht oder nur ansatzweise übernehmen, etablieren sie zumindest grundlegende Kennzeichen der äußeren Form der japanischen Vorbilder: Ein überschriftloses, in drei Abschnitten strukturiertes kurzes Gedicht, in dem ein kleines Bild (bzw., bei Blei und Goll, stattdessen nicht selten auch ein kleiner Gedanke) festgehalten wird.

Anmerkungen

1 Z. B. bei Imma Bodmershof: Sonnenuhr. Salzburg, Bad Goisern 1970, S. 8; Conrad Miesen: Sind abendländische Haiku möglich? Flandrina von Salis im Dialog mit Prof. Erwin Jahn. Ein Kapitel aus der frühen deutschsprachigen Haiku-Dichtung. In: Vierteljahresschrift der Deutschen Haiku-Gesellschaft, Jg. 16 (2003), Nr. 63, S. 5ff., hier: S. 6; Andreas Wittbrodt: Hototogisu ist keine Nachtigall. Traditionelle japanische Gedichtformen in der deutschsprachigen Lyrik (1849– 1999), Göttingen 2005, S. 214.

2 Erwin Jahn: Winterabgeschiedenheit. Kann man japanische Haiku-Poesie nachahmen? In: FAZ (1960), Nr. 37 Feuilletonseite [o. Pag.].

3 Siegfried Macht: Das Haiku – die Welt in 17 Silben. Unterrichtsma-terialien (= Reihe Deutsch betrifft uns. Planungsmaterial für den Deutschunterricht. Hrsg. v. Guido Ossemann. Nr. 1/88.9). Aachen 1988.

4 Heike Balingand u. a.: Flex und Flora 4. Braunschweig 2015, S. 23ff.

5 Nach Wittbrodt (wie Anm. 1), S. 30 f.

6 Keiji Katô: Deutsche Haiku. Japanisch/Deutsch. Tokyo 1986, S. 7. Die japanischen Namen werden üblicherweise in der Reihenfolge *Nachname Vorname* genannt; aus Gründen der Einheitlichkeit ist dies hier jedoch an das deutsche Schema „Vorname Nachname" an-gepasst worden.

7 Vgl. z. B. Günther Schweikle, Irmgard Schweikle (Hrsg.): Metzler Li-teraturlexikon. Stuttgart 1990; Dieter Burdorf u. a. (Hrsg.): Metzler Lexikon Literatur. Begründet von Günther und Irmgard Schweikle. 3. Aufl. Stuttgart, Weimar 2007; Otto Knörrich (Hrsg.): Lexikon lyri-scher Formen. Stuttgart 1992.

8 Hrsg. und übersetzt von Rudolf Lange, nach Wittbrodt (wie Anm. 1), S. 38.

9 Für die vorliegende Arbeit wurde folgende Ausgabe verwendet: Karl Florenz: Dichtergrüsse aus dem Osten. Leipzig o. J. [= zwischen 1896 und 1902, M. L.]. Zu Florenz vgl. z. B. Sabine Sommerkamp: Die deutschsprachige Haiku-Dichtung: Von den Anfängen bis zur Gegen-wart. In: T. Araki (Hrsg.): Deutsche Essays zur Haiku-Poetik. [o. O.] 1989, S. 55–66, hier: S. 58.

10 Nach Fussy lässt sich die Wirkungsgeschichte von Florenz' Werk bis in die 1930er Jahre verfolgen, vgl. Herbert Fussy: Zur Geschichte des deutschen Haiku. In: apropos (1983), H. 1, S. 52–59, hier: S. 57.

11 Vgl.   <https://www.zvab.com/servlet/SearchResults?kn-=Karl20%Florenz20%Osten&sts=t&cm_sp=SearchF-_-topnav-_-Results>, zuletzt 09.06.2023.

12 Fussy (wie Anm. 10), S. 53.

13 Aus der Gedichtsammlung ‚Polymeter' (1898); zitiert nach Fussy (wie Anm. 10), S. 53.

14 Konkret spricht er dort von einer Reihe von „namhaften deutschen Autoren", die „bemerkenswerte Haiku-Versuche" unternommen hätten. Dietrich Krusche: Das japanische Haiku in Deutschland. In: A. Wierlacher u. a. (Hrsg.): Jahrbuch Deutsch als Fremdsprache 1985. München 1986, S. 69–82, hier: S. 72.

15 Krusche (wie Anm. 14), S. 80.

16 Vgl. Margret Buerschaper: Das deutsche Kurzgedicht in der Tradition japanischer Gedichtformen. Göttingen 1987, S. 91.

17 Buerschaper (wie Anm. 16), S. 92.

18 Beide zitiert nach Buerschaper (wie Anm. 16), S. 92.

19 Vgl. Sommerkamp (wie Anm. 9), S. 64.

20 Vgl. Sommerkamp (wie Anm. 9), S. 56.

21 Ebd.

22 Die Jahreszahl ist im Original auf Japanisch angegeben (Jahr 54 der Showa-Zeit). Mein Dank gilt der Schriftstellerin, Übersetzerin und Japanologin Isabel Bogdan für die Hilfe bei der Ermittlung des korrekten Erscheinungsjahrs 1979. Möglicherweise liegt die Angabe des Erscheinungsjahrs mit 1978, auf die wir immer wieder in der Literatur stoßen, daran, dass das Vorwort sowohl in seiner deutschen als auch japanischen Fassung von 1978, jeweils in lateinischen Ziffern, datiert.

23 Hachiro Sakanishi u. a. (Hrsg.): Anthologie der deutschen Haiku. Deutsche Texte mit japanischem Begleittext. Sapporo 1979, S. 22.

24 Ingrid Schuster: China und Japan in der deutschen Literatur 1890–1925. Bern, München 1977, S. 23 f.

25 Schuster (wie Anm. 24), S. 24, S. 58.

26 Katô (wie Anm. 6), S. 9.

27 Katô (wie Anm. 6), S. 8.

28 Wittbrodt (wie Anm. 1), S. 127.

29 Vgl. dazu Ralf Gnosa: Im Steinbruch der klassischen Moderne. In: Paul Ernst: Polymeter. Neuausgabe der Ausgabe 1898. Leipzig 2016, S. 56–104, hier: S. 65 ff.

30 Wittbrodt (wie Anm. 1), S. 133.

31 Ernst (wie Anm. 29).

32 Ernst (wie Anm. 29), S. 37.

33 Ebd.

34 Ernst (wie Anm. 29), S. 28.

35 Ernst (wie Anm. 29), S. 55.

36 Mein Dank gilt an dieser Stelle dem Japanologen und Haiku-Spezialisten Martin Thomas, M.A., für die Durchsicht der japanischen Begleittexte bei Sakanishi.

37 Vgl. Schuster (wie Anm. 24), S. 22f.

38 Schuster (wie Anm. 24), S. 22.

39 Vgl. Wittbrodt (wie Anm. 1), S. 127.

40 Fussy (wie Anm. 10), S. 54.

41 Katô (wie Anm. 6), S. 7 f.

42 Vgl. Krusche (wie Anm. 14), S. 71.

43 Vgl. dazu den Anhang bei Krusche (wie Anm. 14), S. 80.

44 Buerschaper (wie Anm. 16), S. 92.

45 Sommerkamp (wie Anm. 9), S. 57.

46 Wittbrodt (wie Anm. 1), S. 127.

47 Vgl. Sakanishi (wie Anm. 23), S. 24–27.

48 Vgl. Arno Holz: Phantasus. Verkleinerter Faksimiledruck der Erst-fassung. Stuttgart 1995, S. 95.

49 Holz (wie Anm. 48), S. 15.

50 Holz (wie Anm. 48), S. 27.

51 Auch hier gilt mein Dank Martin Thomas, M.A., für die Hilfe beim Verständnis der japanischen Anmerkungen.

52 Vgl. Schuster (wie Anm. 24), S. 70.

53 Fussy (wie Anm. 10), S. 54.

54 Buerschaper (wie Anm. 16), S. 93.

55 Wittbrodt (wie Anm. 1), S. 133 f.

56 Krusche (wie Anm. 14), S. 72.

57 Vgl. Krusche (wie Anm. 14), S. 80 und Sakanishi (wie Anm. 23), S. 32.

58 Alfred Mombert: Dichtungen. Gesamtausgabe in drei Bänden. Bd. 1. Hrsg. v. E. Herberg. München 1963, S. 31; vgl. Sakanishi (wie Anm. 23), S. 29.

59 Mombert (wie Anm. 58), S. 373; vgl. Sakanishi (wie Anm. 23), S. 30.

60 Mombert (wie Anm. 58), S. 111; vgl. Sakanishi (wie Anm. 23), S. 31.

61 Mombert (wie Anm. 58), S. 230; vgl. Sakanishi (wie Anm. 23), S. 32.

62 Mombert (wie Anm. 58), S. 302; vgl. Sakanishi (wie Anm. 23), S. 33.

63 Schuster (wie Anm. 24), S. 66.

64 Schuster (wie Anm. 24), S. 69.

65 Krusche (wie Anm. 14), S. 72.

66 Buerschaper (wie Anm. 16), S. 93 f.

67 Wittbrodt (wie Anm. 1), S. 133 f.

68 Vgl. Sakanishi (wie Anm. 23), S. 28.

69 Vgl. Max Dauthendey: Gesammelte Gedichte und kleinere Versdich-tungen. München 1930, S. 54.

70 Schuster (wie Anm. 24), S. 46.

71 Schuster (wie Anm. 24), S. 50.

72 Vgl. Schuster (wie Anm. 24), S. 50 f. und Klabund: Literaturge-schichte. Die deutsche und die fremde Dichtung von den Anfängen bis zur Gegenwart. Wien 1929, S. 43.

73 Schuster (wie Anm. 24), S. 50.

74 Fussy (wie Anm. 10), S. 54 f.

75 Katô (wie Anm. 6), S. 18.

76 Krusche (wie Anm. 14), S. 72.

77 Buerschaper (wie Anm. 16), S. 71.

78 Vgl. Wittbrodt (wie Anm. 1), S. 18.

79 Klabund: Spuk. Roman. 2. Aufl. Berlin 1922, S. 125.

80 Vgl. Schuster (wie Anm. 24), S. 52–55; Fussy (wie Anm. 10), S. 55; Katô (wie Anm. 6), S. 22 f.; Buerschaper (wie Anm. 16), S. 94 f.; Sommerkamp (wie Anm. 9), S. 56 f.; Wittbrodt (wie Anm. 1), S. 176–198.

81 Rainer Maria Rilke, Baladine Klossowska: Rainer Maria Rilke et Merline. Correspondance 1920–1926. Hrsg. v. D. Bassermann. Zürich 1954, S. 148. Das Gedicht ist, unter dem Titel *Haï-Kaï* [= Haiku, M. L.], ebenfalls zu finden in: Rainer Maria Rilke: Sämtliche Werke. 12 Bde., Bd. 3. Hrsg. vom Rilke-Archiv. Textidentisch mit der Ausgabe Frankfurt 1955–1956. Frankfurt a M. 1975, S. 245. [In der Ausgabe 1954 beginnt der zweite Vers mit einer Majuskel, in der Ausgabe 1975 mit einer Minuskel. Nachtrag 2025, M. L.]

82 Zum in der Literatur noch wenig beachteten *utsuroi* und *mu-jô* im japanischen Haiku vgl. z. B. Patricia Donegan, Yoshie Ishibashi (Hrsg.): Chiyo-ni. Woman Haiku Master. Tokyo u.a. 1998, S. 67 f. und Moritz Wulf Lange: Hintergründe des Haiku. Zu einer Seminarreihe mit Prof. Makoto Aoki von der Universität Ehime/Japan. In: Kaihô. Zeitschrift der Deutsch-Japanischen Gesellschaft in Bayern/München (2022), Nr. 5, S. 27–31, hier: S. 29.

83 Zitiert nach: Eduard Klopfenstein, Masami Ono-Feller (Hrsg.): Haiku. Gedichte aus fünf Jahrhunderten. Japanisch/Deutsch. Ditzingen 2017, S. 74. Der Text schließt im Original, wie hier wiedergegeben, nicht mit einem Punkt ab.

84 Katô (wie Anm. 6), S. 30.

85 Vgl. Sakanishi (wie Anm. 23), S. 330.

86 Katô (wie Anm. 6), S. 30, vgl. auch Buerschaper (wie Anm. 16), S. 95.

87 Wittbrodt (wie Anm. 1), S. 134 f.

88 Wittbrodt (wie Anm. 1), S. 134.

89 Zwei Haiku von Kanzius sind abgedruckt in: Sakanishi (wie Anm. 23), S. 36 f.

90 Schuster (wie Anm. 24), S. 58.

91 Franz Blei: Das Hai-Kai. In: Roland, Jg. 23 (1925), Nr. 12, S. 40. Die Haiku von Blei und Goll sind in jüngerer Zeit allgemein zugänglich gemacht worden durch Moritz Wulf Lange (Hrsg.): Die frühen deutschen Haiku von Franz Blei und Yvan Goll. Norderstedt 2021.

92 Fussy (wie Anm. 10), S. 55.

93 Krusche (wie Anm. 14), S. 72.

94 Katô (wie Anm. 6), S. 20.

95 Buerschaper (wie Anm. 16), S. 95.

96 Sommerkamp (wie Anm. 9), S. 57.

97 Wittbrodt (wie Anm. 1), S. 148.

98 Wittbrodt (wie Anm. 1), S. 151.

99 Sakanishi (wie Anm. 23), S. 40 f.

100 Blei (wie Anm. 91), auch Lange (wie Anm. 91), S. 15.

101 Blei (wie Anm. 91), auch Lange (wie Anm. 91), S. 24. Wittbrodt zitiert irrtümlicherweise *Christkind* statt, wie es im Original heißt, *Christuskind*. Vgl. Wittbrodt (wie Anm. 1), S. 148.

102 Wittbrodt (wie Anm. 1), S. 151.

103 Vgl. bspw. Karl Kleinschmidt: Der schmale Weg. Linz 1953; Fland-rina von Salis: Mohnblüten. Olten 1955 und Imma Bodmershof: Haiku und Tanka. In: Wort in der Zeit, Jg. 5 (1959), H. 4, S. 26 f. Bodmershof verwendete nur in ihrer Frühphase gelegentlich Über-schriften für ihre Haiku; schon in ihrer ersten Buchveröffentlichung mit Haiku verzichtete sie darauf (Imma Bodmershof: Haiku. Mün-chen 1962).

104 Wittbrodt (wie Anm. 1), S. 150.

105 Vgl. dazu Wilhelm Bodmershof: Studie über das Haiku. In: Wort in der Zeit, Jg. 5 (1959), H. 4, S. 27–34.

106 Zum Haiku in der Jugendbewegung vgl. Moritz Wulf Lange: Die Anfänge des deutschsprachigen Haiku. Teil 4 – Die ersten deutsch-sprachigen Haiku (2). In: Sommergras. Vierteljahresschrift der Deut-schen Haiku-Gesellschaft, Jg. 34 (2021), Nr. 135, S. 25–32.

107 Iwan Goll: Hai-Kai. In: Die Literarische Welt, Jg. 2 (1926), Nr. 46, S. 3.

108 Yvan Goll: Die Lyrik. Bd. I–IV, 1. Hrsg. und kommentiert von B. Glauer-Hesse im Auftrag der Fondation Yvan et Claire Goll, Saint-Dié-des-Vosges. Berlin 1996. Auch in Lange (wie Anm. 91).

109 Zum *kigo* vgl. z. B. Sanki Ishikawa u. a.: Haikai and Haiku. Pub-lished by the Nippon Gakujutsu Shinkôkai. Tokyo 1958, S. 173; Tos-hihiko Izutsu, Toyo Izutsu: Die Theorie des Schönen in Japan. Beiträge zur klassischen japanischen Ästhetik. Hrsg. sowie aus dem Englischen und japanischen Originaltexten übersetzt von F. Ehmcke. Köln 1988, S. 90; Ootoshi Naruse: Das Jahreszeitenwort (Kigo) im japanischen Haiku. Übersetzt von Mieko Schroeder. In: T. Araki (Hrsg.): Symposium zur Haiku- und Renku-Dichtung. 23. Mai 1992. Bericht. Köln 1992, S. 17–21; Lange (wie Anm. 82), S. 27 ff.

110 Zum konkreten Bild des japanischen Haiku vgl. z. B. Kôji Kawa-moto: Die konkrete Bildhaftigkeit des Haiku. In: Sommergras. Vier-teljahresschrift der Deutschen Haiku-Gesellschaft, Jg. 22 (2009), Nr. 84, S. 7–18. Vgl. auch Dietrich Krusche: Erläuterungen zu einer frem-den literarischen Gattung. In: Ders.: Haiku. Japanische Gedichte. Ausgewählt, übersetzt und mit einem Essay hrsg. von Dietrich Kru-sche. München 1994, S. 115–147, S. 116. [Erstmals erschienen Tübin-gen, Basel: Erdmann, 1970. Nachtrag 2025, M. L.]

111 Zum leeren Raum vgl. z. B. Horst Hammitzsch: Haikai-Dichtung – ihre Forderungen. In: Vierteljahresschrift der Deutschen Haiku-Ge-sellschaft, Jg. 18 (2005), H. 68, S. 47–59, hier: S. 55; Teiko Inahata: Erste Haiku-Schritte. Eine Fibel. [¹1986]. München 1990, S. X und Lange (wie Anm. 82), S. 30.

112 Zum Nachklang im Haiku vgl. z. B. Hammitzsch (wie Anm. 111), S. 55 und Inahata (wie Anm. 111).

Zeittafel

1849   Erstmals werden japanische Gedichte ins Deutsche übersetzt.

bis **1900**   Erste Anthologien mit ins Deutsche übersetzter japanischer Lyrik erscheinen.

25.12.1920   Rainer Maria Rilke schickt sein einziges deutschsprachiges Haiku in einem Brief an Baladine Klossowska; es wird erst 1954 veröffentlicht.

1925   Franz Blei publiziert am 18. März in der Zeitschrift *Roland* einige Haiku; es sind die ersten auf Deutsch gedichteten Haiku, die veröffentlicht werden.

1926–1927   Yvan Goll publiziert je einen Haiku-Zyklus.

bis **1933**   In Gruppen, die der Bündischen Jugend und ihrem Umfeld zuzurechnen sind, werden vereinzelt Haiku gedichtet.

1939   Auf Deutsch erscheint eine Anthologie japanischer Haiku mit dem Titel *Ihr gelben Chrysanthemen*. Dies Buch wird keinen geringen Einfluss auf die künftige deutschsprachige Haikudichtung haben.

ab **1945**   Dichter wie Joachim Uhlmann in Berlin sowie Hans Carl Artmann, René Altmann und Andreas Okopenko in Wien beschäftigen sich mit deutschsprachigen Haiku.

1953	Von dem österreichischen Dichter Karl Klein-schmidt erscheint unter dem Titel *Der schmale Weg* eine Sammlung mit 200 Haiku sowie einigen wenigen längeren Gedichten. Das Buch gilt als die erste selbständige Publikation deutschsprachiger Haiku der Nachkriegszeit.
1955	Die Schweizer Dichterin Flandrina v. Salis veröf-fentlicht mit *Mohnblüten* einen Band mit Haiku.
1959	Der deutsche Gelehrte und Schriftsteller Hajo Jappe, ein Freund Imma Bodmershofs, veröffent-licht im Privatdruck einen ersten Haiku-Band.
1962	Die österreichische Schriftstellerin Imma Bod-mershof veröffentlicht mit dem Buch *Haiku* ein Werk, das bis heute als Fundament der deutsch-sprachigen Haikudichtung gilt.
1964	Manfred Hausmann veröffentlicht unter dem ja-panischen (weiblichen) Pseudonym *Toyotama Tsuno* einen Band mit Gedichten, die sich an Haiku und Tanka orientieren.
1973	Ernst Jandl veröffentlicht in dem Gedichtband *dingfest* unter dem Titel *Haiku in Wien* einige Ge-dichte, die mit klassischen Haiku außer der Kürze nichts mehr gemeinsam haben.
1979	Die erste Anthologie deutschsprachiger Haiku er-scheint in Japan (mit deutschen Originalen und japanischen Begleittexten).
	In Bottrop organisiert Artur K. Führer ein erstes Treffen von Haikudichterinnen und -dichtern, um

den Stand der deutschsprachigen Haikudichtung zu diskutieren. Die im Rahmen einer Lesung vorgetragenen Haiku sorgen beim Publikum allesamt für Befremden.

1980   In Österreich erscheint, hrsg. von Johanna Jonas-Lichtenwallner, die erste Anthologie deutschsprachiger Haiku im deutschen Sprachraum.

1982   Erich Fried veröffentlicht in seinem Gedichtband *Das Nahe suchen* unter dem Titel *Zwei Haikus vom Krieg* ein Gedicht, dessen zwei Strophen sich der Haiku-Form bedienen.

Beat Brechbühl veröffentlicht einen Band mit Haiku (*Ein verhängtes Aug*), es folgen 1984 und 1988 je ein Band mit Haiku und Senryu.

1983   Uli Becker veröffentlicht seinen ersten Band mit Haiku (*Frollein Butterfly*). Die Texte sind in einem humoristischen Stil gehalten. 1993 und 2000 folgen je ein weiterer Band.

1984   Hans Carl Artmann veröffentlicht mit *nachtwindsucher* einen Haikuband.

1987   Von Margret Buerschaper erscheint ihre Magisterarbeit *Das deutsche Kurzgedicht in der Tradition japanischer Gedichtformen* in Buchform.

1988   Gründung der Deutschen Haiku-Gesellschaft (DHG) und Wahl Margret Buerschapers zur Präsidentin.

1989	Sabine Sommerkamp stellt in einem Aufsatz zum deutschsprachigen Haiku drei Formtendenzen fest (traditionell, frei, experimentell).
1992	Sarah Kirsch eröffnet ihren Gedichtband *Erlkönigs Tochter* mit einer Haikusequenz. Dabei arbeitet sie Übersetzungen japanischer Haiku auf gekonnte Weise um.
2004	Jan Wagner veröffentlicht in seinem zweiten Gedichtband (*Guerickes Sperling*) auch einige Haiku; in den Folgebänden *Achtzehn Pasteten* (2007), *Australien* (2010), *Regentonnenvariationen* (2014), *Die Live Butterfly Show* (2018) und *Steine & Erden* (2023) sind ebenfalls jeweils Haiku vertreten.
2008	Durs Grünbein veröffentlicht im Insel-Verlag das Buch *Lob des Taifuns* mit Haiku und einigen wenigen Tanka.
2012	Bei dtv erscheint die von Rainer Stolz und Udo Wenzel herausgegebene Anthologie *Haiku hier und heute* mit einem Querschnitt durch die zeitgenössische deutschsprachige Haiku-Dichtung. Die Herausgeber berücksichtigen bei der Auswahl sowohl den Literaturbetrieb als auch die Haiku-Szene.
2015	Ulla Hahn nimmt in ihr Buch *Gesammelte Gedichte* auch ein Konvolut Haiku auf.
2021	Die ersten veröffentlichten deutschsprachigen Haiku (von Franz Blei und Yvan Goll) erscheinen erstmals in Buchform.

Literatur (Auswahl)

Araki, Tadao (Hrsg.): Deutsch-Japanische Begegnung in Kurzgedichten. München: Iudicium, 1992. [Darin enthalten ist: ders. (Hrsg.): Deutsche Essays zur Haiku-Poetik. Sonderausgabe der „Deutsch-Japanischen Begegnungen im Lande Hessen. O.O: o.V., 1989.]

Bethge, Hans: Japanischer Frühling. 21.-24. Tausend. Leipzig: Insel, 1923.

Blei, Franz: Das Hai-Kai. In: Roland. 23. Jahrgang. Heft Nr. 12, 18. März 1925, S. 40.

Bodmershof, Imma: Haiku und Tanka. In: Wort in der Zeit. Österreichische Literatur-Zeitschrift. April 1959, Heft 4, S. 26–27.

Bodmershof, Imma von: Haiku. Mit Zeichnungen von Ruth Stoffregen. 2., durchgesehene Auflage. München: dtv, 2004.

Bodmershof, Imma: Haiku. Mit Zeichnungen von Ruth Stoffregen. München: Langen/Müller, 1962.

Bodmershof, Imma: Sonnenuhr. Haiku. Salzburg, Bad Goisern: Stifterbibliothek, Neugebauer Press, 1970.

Bodmershof, Imma von: Im fremden Garten. Haiku-Gedichte. Zürich: Arche, 1980.

Bodmershof, Wilhelm: Studie über das Haiku. In: Wort in der Zeit. Österreichische Literatur-Zeitschrift. April 1959, Heft 4, S. 27–34.

Buerschaper, Margret: Das deutsche Kurzgedicht in der Tradition japanischer Gedichtformen. Haiku, Senryu, Tanka, Renga. Göttingen: Graphikum, 1987.

– Die Haiku-Dichtung im deutschsprachigen Raum nach 1945. In: Araki Tadao (Hrsg.): Symposium zur Haiku- und Renku-Dichtung. 22. Juni 1991. Japanisches Kulturinstitut, Köln. Bericht. Köln: Japanisches Kulturinstitut, 1991, S. 37–40.

Cordon, Cécile: Zwischen Hölderlin und Hitler. Die Schriftstellerin Imma Bodmershof und ihre Zeit (1895-1982). Leipzig: Eudora, 2020.

Eisenhauer, Gregor: Franz Blei. Der Literat. Ein biographischer Essay.

Berlin: Elfenbein, 2004.

Ernst, Paul: Polymeter. Gedichte. Neuausgabe der Ausgabe Berlin, Paris: Sassenbach, 1898. Jahresgabe 2014/15 der Paul-Ernst-Gesellschaft. Mit einem Aufsatz von Ralf Gnosa. Leipzig: Reinecke & Voß, 2016.

Florenz, Karl: Bunte Blätter. Japanische Poesie. Tokyo: Hasegawa, o.J. [lt. Antiquar 1896.]

   –   Dichtergrüsse aus dem Osten. Japanische Dichtungen, übertragen von Karl Florenz. Vierte Auflage. Leipzig: Amelang, o.J. [= 1896–1902].

Fussy, Herbert: Zur Geschichte des deutschen Haiku. In: apropos 1/1983, S. 52-59. [Zuerst publiziert in: Podium; Heft 1, 1980.]

Gnosa, Ralf: Im Steinbruch der klassischen Moderne. Zur Neuausgabe von Paul Ernsts Frühwerk „Polymeter" von 1898. In: Ernst, Paul: Polymeter. Gedichte. Neuausgabe der Ausgabe Berlin, Paris: Sassenbach, 1898. Jahresgabe 2014/15 der Paul-Ernst-Gesellschaft. Mit einem Aufsatz von Ralf Gnosa. Leipzig: Reinecke & Voß, 2016, S. 56–104.

Goll, Iwan [= Yvan]: Hai-Kai. In: Die literarische Welt, 12. November 1926, S. 3.

Goll, Yvan: Die Lyrik. Bd. I–IV. Hg. und kommentiert von Barbara Glauert-Hesse im Auftrag der Fondation Yvan et Claire Goll, Saint-Dié-des-Vosges. Berlin: Argon, 1996.

Holz, Arno: Phantasus. Verkleinerter Faksimiledruck der Erstfassung. Hrsg. v. Gerhard Schulz. Stuttgart: Reclam, 1995.

Kato Keiji: Deutsche Haiku. Ein kurzer Beitrag zur vergleichenden Literaturgeschichte. Japanisch/Deutsch. Deutsche Übersetzung von Junko Lampert, Überarbeitung von Takako von Zerssen und Marga Rosskothen. Tokyo: Nagata, 1986.

Kleinschmidt, Karl: Der schmale Weg. 200 dreizeilige Gedichte (Haikus). Hrsg. vom Kulturamt der Stadt Linz. Linz: o.V., 1953.

   –   Tau auf Gräsern. Dreizeilige Gedichte (Haiku). Wien, Innsbruck, Wiesbaden: Rohrer, 1960.

Knauf, Michael: Yvan Goll. Ein Intellektueller zwischen zwei Ländern und zwei Avantgarden. Bern, Berlin, Frankfurt/M., New York, Paris, Wien: Peter Lang, 1996.

Krusche, Dietrich: Essay – Erläuterungen zu einer fremden literarischen Gattung. In: Krusche, Dietrich: Haiku. Japanische Gedichte. Ausgewählt, übersetzt und mit einem Essay herausgegeben von Dietrich Krusche. München: dtv, 1994, S. 115–151. [Zuerst erschienen Tübingen, Basel: Erdmann, 1970.]

–   Das japanische Haiku in Deutschland. In: Jahrbuch Deutsch als Fremdsprache 1985. Band 11. Hrsg. v. Alois Wierlacher u.a. München: Hueber, 1986, S. 69–82.

Kurth, Julius: Japanische Lyrik aus vierzehn Jahrhunderten. Nach den Originalen übertragen von Julius Kurth. München, Leipzig: Piper, o.J. [= Die Fruchtschale. Eine Sammlung. Band 17.]

Lange, Moritz Wulf: Die Anfänge des deutschsprachigen Haiku. Teil 1 – Von den ersten Übersetzungen bis zu Paul Ernsts „Polymeter". In: Sommergras 132, März 2021, S. 32–38.

–   Die Anfänge des deutschsprachigen Haiku. Teil 2 – Arno Holz und Alfred Mombert. In: Sommergras 133, Juni 2021, S. 31–37.

–   Die Anfänge des deutschsprachigen Haiku. Teil 3 – Die ersten deutschsprachigen Haiku (1). In: Sommergras 134, September 2021, S. 33–40.

–   Die Anfänge des deutschsprachigen Haiku. Teil 4 – Die ersten deutschsprachigen Haiku (2). In: Sommergras 135, Dezember 2021, S. 25–32.

–   Die Anfänge der deutschsprachigen Haiku-Dichtung. In: Zeitschrift für Germanistik, Neue Folge XXXIV (2024), Heft 3. Lausanne: Peter Lang, 2024, S. 679–689.

–   Personenlexikon zur deutschsprachigen Haiku-Dichtung. Berlin: LIT, 2024.

Miesen, Conrad: Die historische Entwicklung des Haiku im deutschsprachigen Raum von den Anfängen bis 1945. In: Araki Tadao (Hg.): Symposium zur Haiku- und Renku-Dichtung. 22. Juni 1991. Japanisches Kulturinstitut, Köln. Bericht. Köln: Japanisches Kulturinstitut, 1991, S. 33–35.

Möller, Jörg: „Das Leben ist nicht mehr als Maienblüte" – Eberhard Koebels Japanrezeption. In: Niehaus, Andreas / Weber, Chantal (Hrsg.):

Reisen, Dialog, Begegnungen. Festschrift für Franziska Ehmcke. Berlin: Lit Verlag, 2012, S. 129–148.

Mombert, Alfred: Dichtungen. Gesamtausgabe in drei Bänden. Bd. 1: Gedicht-Werke, Bd. 2: Dramen, Mythen; Bd. 3: Überlieferung, Lesarten, Hinweise. Hg. v. Elisabeth Herberg. München: Kösel, 1963.

Pinthus, Kurt (Hrsg.): Menschheitsdämmerung. Ein Dokument des Expressionismus. Revidierte Ausgabe. Reinbek: Rowohlt, 1992.

Rilke, Rainer Maria et Merline: Correspondance 1920-1926. Red. Dieter Bassermann. Zürich: Niehans, 1954.

Rilke: Rainer Maria: Sämtliche Werke. Bd. 1–12. Herausgegeben vom Rilke-Archiv. In Verbindung mit Ruth Sieber-Rilke besorgt durch Ernst Zinn. Insel Werkausgabe. Die Insel Werkausgabe ist textidentisch mit der Ausgabe »Rainer Maria Rilke. Sämtliche Werke«, Frankfurt/M. 1955–1966. Frankfurt/M.: Insel, 1975.

Sakanishi, Hachiro / **Fussy**, Herbert / **Kubota**, Kaoru / **Yamakage**, Hakucho (Hrsg.): Anthologie der deutschen Haiku. Haiku und kurze biographische sowie Quellen-Angaben auf Deutsch, begleitender Text auf Japanisch. Sapporo: Dairyman, 1979.

Salis, Flandrina von: Mohnblüten. Abendländische Haiku. Holzschnitt-Zeichnungen von Conrad Meili. Olten: VOB, 1955.

– Wahrnehmungen. [Im Titel; im Impressum als »Wahrnehmungen in Haiku- und Tanka-Form«.] Zollikon-Zürich: Kranich, 1993.

Schuster, Ingrid: China und Japan in der deutschen Literatur 1890–1925. Bern, München: Francke, 1977.

Sela, Petra: Imma v. Bodmershof (1895 – 1982). In: Lotosblüte. 10 Jahre Österreichische Haiku-Gesellschaft. Jubiläumsnummer 2020. Hrsg. v. Petra Sela. Wien 2020.

Sommerkamp, Sabine: Der Einfluss des Haiku auf Imagismus und jüngere Moderne. Studien zur englischen und amerikanischen Lyrik. Dissertation. Hamburg: Universität, 1984. Erweiterte Neuausgabe München: Iudicium, 2023.

– Die deutschsprachige Haiku-Dichtung: Von den Anfängen bis zur Gegenwart. In: Araki, Tadao (Hrsg.): Deutsche Essays zur Haiku-

Poetik. Mit Illustrationen von Tsutomou Yoshikawa. O.O.: o.V., 1989, S. 56–66.

Stolz, Rainer / **Wenzel**, Udo (Hrsg.): Haiku hier und heute. München: dtv, 2012.

Wittbrodt, Andreas: Hototogisu ist keine Nachtigall. Traditionelle japanische Gedichtformen in der deutschsprachigen Lyrik (1849-1999). Göttingen: V&R unipress, 2005.

Bildnachweis

Stiftzeichnung Franz Blei von Jan Hosemann,
© Jan Hosemann.

Stiftzeichnung Yvan Goll von Jan Hosemann,
© Jan Hosemann.

Der Herausgeber

Moritz Wulf Lange, geboren 1971 in Hamburg, studierte Neuere Deutsche Literatur, Linguistik und Geschichte in Freiburg/Br. und in Berlin. Er beschäftigte sich schwerpunktmäßig mit der modernen Lyrik, dabei besonders mit den Arbeiten von Paul Celan.

Parallel dazu veröffentlichte er schon während des Studiums Gedichte in verschiedenen Zeitschriften, darunter 1995 erste Haiku. Nach dem Studium gab er eine Dissertation zum Wortschatz Paul Celans auf, um als freier Autor, vorwiegend im Hörspielbereich, zu arbeiten.

2018 entdeckte er das Haiku wieder für sich, seit 2020 erschienen Haiku von ihm in verschiedenen Anthologien und Zeitschriften in Deutschland, Österreich und Japan. Während seiner literaturgeschichtlichen Arbeit zum Haiku stellte er fest, dass die frühesten gedruckten, deutschsprachigen Haiku nur verstreut und unvollständig in wenigen, teilweise schwer zugänglichen Publikationen vorliegen; daraufhin entschloss er sich, eine Sammlung dieser Haiku selber herauszugeben. Moritz Wulf Lange lebt mit seiner Familie in Hamburg.

www.moritz-wulf-lange.de